Le destin de Léa

2ème édition révisée

Ce tome « décalé » complète la saga : « Guerres sous-marines » et s'intercale entre

– *Ravitailleurs, tome 5*
- *Pour l'amour d'Éva (le tome 7 des 8 tomes de la série)*

Du même auteur* :

I - La série des 8 tomes de « Guerres sous-marines » * :

Titres

1. *Le piège de Noirmoutier*
2. *Alerte à l'Élysée*
3. *La revanche de l'ombre*
4. *Le feu du ciel*
5. *Ravitailleurs*
6. *Le destin de Léa (décalé)*
7. *Pour l'amour d'Éva*
8. *La menace ultime*

(« *Pour l'amour d'Éva* » et « *Le destin de Léa* » peuvent être lus séparément)

Recueils (compilations économiques)

1 à 4	*Guerres sous-marines – tome 1*
5 à 8	*G.S.M. 2.0*

II – La série « La guerre pour l'espace »

1. *Le regard de Kiren*
2. *La revanche de Yiko*
3. *Le satellite fantôme*
4. *L'espace en feu*

III - D'un autre genre :

La vague brisée
(compilation d'autres romans et nouvelles du même auteur)

ISBN-13: 978-1497527997 ISBN-10: 1497527996

* également disponibles sur http://www.lulu.com/spotlight/csire2, Amazon, Kindle, iBookstores et Googleplay

Le destin de Léa

Claude-Jean SIRÉ

Prologue

Léa avait démissionné de son travail. Elle passa un long mois, cloîtrée dans sa chambre de jeune fille, couchée en chien de fusil, dans un état de prostration total. Ses parents étaient désespérés, cherchant à l'aider par une présence attentive et discrète. Petit à petit, le temps commença à refermer sa blessure. Elle sentait toujours en elle un vide, une incapacité à reprendre goût à la vie. Souvent, dans la nuit, elle se mettait à crier, hurler de rage contre cette violence qui lui avait pris Paul…

Lors de ses premières sorties, elles se contentaient de descendre sur les bords de la Seine. Dans le lent écoulement du fleuve, elle trouva un début de réconfort.

*

* *

Après l'été passé à Nonancourt, Éléonore retourna à Paris. Elle avait renoncé à reprendre un travail. Maïa occupait ses journées. Son père revint en France autour de la mi-octobre. S'il s'était réjoui, au premier abord, de la victoire qu'ils avaient remportée contre la Corée du Nord, la longue traversée avait lavé en lui le désir de vengeance. Elle lui laissait un arrière-goût amer. Au cœur de la bataille, il s'était soudain senti responsable de cette escalade dans la violence… Et s'il avait perdu des hommes dans cette histoire ? Il avait cherché à répondre par les armes à l'agression, mais cet acte n'était peut-être pas la solution…

*

* *

Léa finit par trouver un travail commercial dans une entreprise ferroviaire. La douleur restait néanmoins lancinante. Ce n'est qu'au bout de six mois qu'elle commença à reprendre goût à la vie.

Un jour, lors d'une visite de Kim et Grégoire, elle fut touchée par une demande toute particulière… Le jeune couple venait lui demander d'être marraine du petit garçon qui allait naître de leur union. Ils voulaient lui donner le nom de Paul, en souvenir de leur ami commun…

Cette naissance l'aida à prendre de la distance. Après plusieurs mois de doutes, elle décida de partir pour une ONG, œuvrer auprès des pauvres et des désespérés…

Ce roman « plus décalé », écrit quelques mois après la rédaction de Ravitailleurs *nous projette en théorie, deux ans plus tard. En réalité, pour ne pas imposer les mêmes malheurs deux fois au pays concerné, elle s'insère dans un contexte qui a, de fait, eu lieu en janvier 2010. Petit tour de passe-passe que le lecteur nous pardonnera…*

CHAPITRE 1

- I -

André-Georges venait de s'étendre sur sa natte et ses yeux s'alourdissaient déjà de sommeil quand le sol a vibré. Était-ce dans son rêve ? Le bruit et les cris lui confirmèrent que non. La terre tremblait à nouveau… Il se redressa et bondit hors de la maison. Enfin, si l'on pouvait appeler comme cela les deux tôles ondulées maintenues par des pieux, à peine enfoncés dans le sol. Dans la nuit, le bidonville ressemblait à un amas de ferraille où son peuple se serrait les coudes. Pourtant, ce soir-là, l'horreur régnait à nouveau. Chacun tentait de fuir, se poussant et criant, comme si le salut était ailleurs, alors que le sol se dérobait sous leurs pas. Il se mit alors à courir, mais où aller ? Plusieurs foyers s'étaient allumés autour de lui. Des objets étaient tombés sur des feux mal éteints et le vent avait attisé ces braises. Une odeur suffocante avait envahi la cuvette où plusieurs milliers d'âmes cherchaient à survivre. L'odeur était âcre. Les émanations de plastiques calcinés envahissaient ses bronches. Il se mit à tousser, cherchant à rejoindre les hauteurs. Que pouvait-il faire ?

Soudain, ses pensées se tournèrent vers Léa, celle qui hantait ses nuits depuis deux mois. Qu'était devenue la jeune Française ? Elle habitait dans la grande bâtisse blanche qui bordait l'église. En apparence, cette vieille maison, qui hébergeait le dispensaire, avait des murs épais, mais plus que sa bicoque, elle devait être bien fragile face à la violence des forces telluriques qui se déchaînaient ce soir-là. Déjà, la semaine dernière, il avait remarqué qu'elle avait accusé le coup. Avait-elle résisté à cette nouvelle secousse ? Son sang se figea. Il n'eut plus qu'une idée en tête : en savoir plus. Maintenant qu'il connaissait son objectif, il parvint à se frayer un passage dans cette foule qui courait sans buts. Il lui suffisait de raser le mur des bâtisses, d'éviter le centre de la ruelle pour se faufiler et avancer. Bientôt, il aperçut au loin, dans les lumières falotes, le toit rouge de l'église et le petit clocher noir qui le surplombait, sur le côté. Si elle était debout, il y avait peut-être une chance que le dispensaire ait, lui aussi, tenu le choc. Mais il voulut le vérifier.

La rue était pleine d'une foule apeurée. Il essaya de se faufiler jusqu'à ce qu'une petite troupe lui boucha le passage. Plusieurs hommes étaient accroupis autour d'une femme qui hurlait de douleur. Elle avait dû être éventrée par une tôle. Il chercha à poursuivre sa course.

Léa... Pourquoi était-elle devenue pour lui une obsession ? Qu'est-ce qui le poussait à courir vers elle ? Comme dans un flash, il la revit, au cours de l'après-midi, dans sa petite robe bleue à manches courtes, se déplaçant d'un malade à l'autre, le visage grave et préoccupé. Tout en elle le fascinait : cette sérénité, cette énergie tranquille, cette joie de vivre... Elle était habitée par une force intérieure, un rayonnement qui la distinguait de tous... Il n'y avait pas que sa peau blanche qui tranchait avec la couleur de son peuple... Elle était son rayon de soleil. « Vais-je parvenir jusqu'à elle ? » pensa-t-il, effrayé.

Il décida de faire un détour. La foule était si dense et désordonnée qu'il dut s'enfoncer dans le bidonville pour contourner l'obstacle. Le noir était ici plus intense. Sous ses pieds nus, il sentit le sol qui vibrait encore. Soudain, la terre fut plus humide. Les grognements d'un cochon mêlés à son épouvantable odeur le renseignèrent sur l'endroit où il avait dû aboutir. Ce soir, rien ne pouvait pourtant l'arrêter. Il enjamba une barrière, sauta dans une maison abandonnée. « Plus que dix mètres et je serai à nouveau dans la ruelle, plus au nord de la troupe qui bloque mon chemin » pensa-t-il. Il connaissait cette partie de la ville comme sa poche. Vingt-deux ans qu'il en arpentait les artères, qu'il vivait au rythme de sa propre respiration.

Il atteignit la rue qui montait vers l'église. Encore deux cents mètres, il serait sur place ! « Où est Léa ? » Il scruta les visages dans l'obscurité. Elle n'était pas là. C'est alors qu'il aperçut le dispensaire. Il était à moitié effondré et des flammes jaillissaient de l'intérieur. Sur la place, la foule s'agitait, criait, hurlait. On amenait des blessés. Mais tous se tenaient à distance de l'incendie. Il aperçut Bertrand, le vieux médecin. Il semblait tétanisé, alors qu'il ne manquait pas de travail : l'œuvre de sa vie était en train de partir en flammes. Il se précipita vers lui et l'interrogea : « où est Léa ? » Le vieil homme pointa la maison en feu, avec un air résigné…

Elle était là. Il l'avait senti… Alors il n'hésita pas, fonça dans la fournaise. Que lui arrivait-il ? Dans sa hâte, il était comme possédé. Léa avait pour lui une grande tendresse et probablement un respect identique à celui qu'elle réservait à tous ses malades, mais elle avait pourtant toujours gardé ses distances, alors qu'il se dévouait à l'aider, autant que possible. Il ne pouvait pourtant lui en vouloir… Elle se protégeait. Pourtant, elle était tout pour lui. C'est par ses mains expertes qu'elle avait sauvé sa mère d'un mal qu'il croyait incurable. C'est surtout dans son sourire, qu'il avait retrouvé le courage de vivre, alors que ses deux sœurs avaient quitté ce monde, emportées par la même maladie. Alors que plus rien ne le retenait, elle lui avait donné l'espoir. C'est pourquoi il n'hésita pas. Il ne reculerait pas.

Ici pourtant c'était le chaos. Une fumée épaisse avait envahi le dispensaire. Elle devait venir du lieu où l'on rangeait les pansements… Est-ce le groupe électrogène qui avait pris feu ? Les flammes étaient hautes de près d'un mètre et il fut aveuglé. Il n'allait pas abandonner ! La chambre de Léa était au bout du couloir. Il vit que le mur nord s'était à moitié effondré et il lui fallut se glisser à terre pour avancer plus loin. Au fur et à mesure qu'il progressait, il réalisa que son entreprise était folle. Si le dispensaire tenait encore debout, c'était par miracle. En plus du feu qui rongeait déjà la charpente, toutes les fondations étaient touchées par le séisme. Sur son chemin, les gravats et les obstacles ralentissaient sa marche. Pourtant, il ne perdit pas espoir.

*

*   *

Depuis son arrivée ici, Léa n'avait pas pris de repos et les nuits étaient si courtes ! Bertrand et elle étaient débordés par la tâche. Seul dispensaire digne de ce nom dans la partie sud-ouest de la ville, ils avaient une clientèle immense, cour des miracles sans cesse renouvelée où tous les maux du monde semblaient se concentrer. Sa formation médicale d'urgence paraissait ici bien faible. Elle agissait en général au plus pressé, cherchant surtout à calmer la douleur et enseigner, autant que possible, les gestes et les attitudes élémentaires qui permettaient de réduire la contagion, contenir la propagation des maladies que la promiscuité et la chaleur ne cessaient d'aggraver. Comment lutter face à cette humanité déchirée et démunie, quelles armes opposer dans ce monde des petits, où chaque médicament, la moindre compresse représentait un bien inaccessible ?

Quand elle avait répondu à cet appel intérieur qui lui avait ordonné de tout quitter pour partir, il lui avait semblé qu'elle pourrait être utile, apporter par sa présence, une lueur d'espérance. Loin des siens, partie dans l'espoir d'être utile, elle n'avait pas baissé les bras… Ce soir après l'enfer des derniers jours, elle avait enfin réussi à regagner sa chambre pour une nuit complète… Depuis huit jours, date du premier séisme, elle n'avait pas arrêté…

*

*   *

Le plafond s'était écroulé et sa jambe était coincée sous un amas de plâtres. Incapable de bouger, traversée par une douleur insoutenable, Léa était désespérée. Est-ce que tout allait finir d'un coup ? Les quelques mois passés au service de cette nation étaient passés pour elle comme un éclair… Était-elle au bout du voyage ? Elle n'avait pas cru que la fin viendrait si vite.

Est-ce que tout cela avait servi à quelque chose ? Ici régnait un calme trompeur. La semaine dernière, la maison avait tenu, malgré quelques lézardes apparues au plafond. Cette fois, elle avait cédé… Un monde fragile… Au loin, elle entendit des bruits diffus, des cris. Elle était seule, traversée par une douleur intense et ses forces qui diminuaient…

Depuis quelques minutes, d'autres signes l'inquiétaient : une fumée persistante et une chaleur qui devenait insoutenable. Elle aperçut au bout du couloir la lueur d'une flamme. Est-ce qu'elle allait finir ainsi ? Brûlée vive… ?

Elle cria, appela au secours, mais personne ne semblait réagir… Plus loin, elle entendit pourtant une clameur immense, un chaos sans nom… Mais qui pouvait l'entendre ? Elle était privée de lumière, coincée dans ce qui semblait être un château branlant… Il ne lui restait plus qu'à invoquer un Dieu qui semblait absent de ce monde.

Il lui semblait qu'elle priait en vain, que rien ne pourrait plus empêcher cette fin funeste. L'air devenait irrespirable.

Un bruit… Quelqu'un approchait. Un cri. Elle aurait voulu répondre, mais les forces lui manquaient maintenant. Allait-elle s'évanouir alors qu'une lueur d'espoir se dessinait ?

*

*   *

« Léa ? » André-Georges cria à nouveau son nom. Pas de réponse. Était-elle encore en vie ? Ses poumons le brûlaient, l'air lui faisait défaut. Pourtant il ne faiblissait pas. Il était à la porte de sa chambre. Elle était brisée par la chute d'une poutre et le plafond de la pièce était à moitié tombé. À la lumière dansante des flammes qui progressaient derrière lui, il aperçut une main… Elle semblait si fragile cette main, tendue vers lui. Elle bougeait encore. Léa !

Léa… Il ne restait plus que trois mètres pour l'atteindre. Pourtant les derniers centimètres furent les plus difficiles à parcourir. Tout n'était plus qu'un amas de plâtre et de bois fendu. Il cria encore son nom…

C'est alors qu'il l'entendit. Elle prononça son nom dans un soupir. Elle l'avait reconnu. Elle lui parlait. Sa voix semblait éteinte. Elle devait être blessée. Pourtant, le fait d'entendre son prénom décupla son courage. Elle l'avait appelé. Il était là…

Son lit était couvert de débris et il sentit à tâtons sa trace sous les décombres. Il glissa ses mains sous son corps fragile et il la prit dans ses bras. Elle lui avait toujours semblé si menue, si légère. Maintenant qu'il la sentait si proche, contre lui, son poids était à la fois lourd et léger, distant et si intimement lié à son être. Léa ! Il attrapa une couverture et l'enveloppa d'un geste. Il allait devoir trouver une sortie à cet enfer. La rage le gagnait. Avait-il fait tout ce chemin pour rien ? Allaient-ils survivre aux flammes ?

Il se rua vers l'extérieur. Il sentit le feu qui l'enveloppait, léchait ses bras, lui brûlait la plante des pieds, envahissait ses bronches. Il était maintenant dans la fournaise. Pourtant il ne recula pas. Toute son attention était pour Léa. Il portait son corps comme un vase précieux. Il n'y avait plus rien qui comptait pour lui que cette femme, sa vie, son bonheur, son avenir. Plus il avançait, plus il se rendait compte, néanmoins, qu'il ne survivrait pas. Et pourtant, rien ne l'arrêtait. Elle lui avait redonné de l'espoir, il pouvait lui donner sa vie…

Il compta les secondes. Combien de temps encore ? Il lui sembla que le couloir était mille fois plus long qu'à l'aller. Il courait maintenant. Tout en lui était feu et brûlure. Il ferma les yeux et s'avança. Soudain, il le sentit, l'obstacle était franchi. Encore quelques mètres et il était loin de la fournaise. Ses forces le quittaient. Son corps le lâchait. Il s'effondra par terre. Ses yeux le brûlaient. Il sentit que c'était fini. Alors que tout s'effaçait et qu'il prit conscience qu'il quittait ce pays de malheur, il entendit à nouveau son nom : « André-Georges »… La voix de Léa lui parvint comme dans un brouillard diffus. Elle était sauve… Il pouvait maintenant quitter ce monde…

*

*　*

Dès qu'elle fut à l'air libre, Léa perçut l'enfer de cette nuit. La ville était un immense brouhaha de cris, de bruits et de tumulte. Pourtant, André-Georges avait réussi à la déposer à même le sol aux pieds de Bertrand. Quand il l'eut reconnu, le vieux médecin se détourna d'un patient pour examiner ses jambes. Mais elle voulut voir André-Georges… Il gisait maintenant à quelques mètres d'elle. Malgré la douleur et sa jambe brisée, elle se débattit et se tourna vers lui. Pouvait-on encore le sauver ? Elle interpella Bertrand qui consentit à l'examiner. Sa peau était une énorme plaie vive. Le feu l'avait atteint de partout. Il tâta son pouls. Au regard du vieux médecin, elle sentit alors que c'était fini. Alors elle cria… : « *Pourquoi ? Il m'a sauvé au prix de sa vie, pourquoi ?* »

André-Georges était un homme bon. Depuis deux mois, il était là, fidèle, à ses côtés, à l'aider dans les soins. Depuis qu'elle avait sauvé sa mère, il cherchait à se rendre utile par tous les moyens. Elle avait bien senti, derrière son air timide, qu'il avait pour elle une grande affection. Était-ce plus que cela encore ? Pourquoi fallait-il que les hommes meurent autour d'elle et qu'elle reste en vie.

Elle était à bout... Depuis la mort de Paul, elle n'avait pas ressenti une tristesse si profonde. « Que l'homme est peu de chose, pensa-t-elle ». Elle était à nouveau confrontée à ce mal implacable. Dans son chagrin, ce qui la retenait à la foi semblait à nouveau vaciller... « Pourquoi ? » Le cri revenait encore au travers de sa gorge.

*

* *

Bertrand courrait partout. Elle l'entendait donner des ordres, s'arrêter et repartir. Pourtant, quelques minutes plus tard, il revint vers elle. Il avait déniché deux hommes qu'il chargea de la soulever jusqu'à l'église. Le vieux bâtiment avait résisté encore une fois à cette nouvelle secousse, alors que du dispensaire, il ne restait maintenant plus rien qu'un amas de cendres fumantes. Déjà, une foule immense de blessés avait été entassée dans le chœur... Ses porteurs se faufilèrent au travers de la cohue et la déposèrent sur un banc. Quelques heures plus tard, Bertrand la retrouva là. Avec ce qu'il avait sous la main, il prit le temps de la soigner en dépit des appels pressants qui le demandaient à nouveau ailleurs. Il réduisit sa fracture, fixa une attelle. Ses vieilles mains étaient douces et délicates, mais la douleur fut si vive qu'elle perdit connaissance.

*

* *

Ce n'est que le lendemain, à l'aube, qu'elle reprit conscience. Depuis la porte ouverte de l'église, elle aperçut la ville, ou plutôt ce qui restait de cette partie défigurée du quartier. Des toits rouges qui auparavant ornaient les alentours avant les abords du bidonville, il ne restait plus grand-chose. Sous ses yeux, elle ne vit qu'un tas fumant de débris et de cendres. La poussière était revenue... Elle envahissait tout comme un linceul gris. « Pourquoi ? » Le cri de la veille ne portait plus sur le seul souvenir du jeune homme, arraché à la vie. Il rejoignait cette interrogation profonde qui ne cessait de la hanter depuis qu'elle était arrivée sur cette terre de malheur. Pourquoi cette misère ?

Quand elle avait atterri ici, elle avait encore en elle ce désir d'être utile, portée par la formation reçue au sein de l'association qui l'avait embauchée. Après le vide et le désespoir qui avait marqué sa vie, elle avait perçu, alors, que la seule réponse à ce mal se trouvait dans l'action. Allait-elle résister à cette nouvelle attaque ? Plus elle contemplait ce monde perdu, plus elle s'interrogeait. Et pourtant, au sein même de ce chaos, le souvenir d'André-Georges lui revint. Au cœur même du malheur, alors qu'il lui semblait qu'elle était abandonnée, le fait que des hommes comme lui puissent se lever et accomplir des actes insensés, au péril de leur vie, repoussait encore les limites de son questionnement. Certes, il y avait probablement eu chez André-Georges des sentiments variés, peut-être même une attirance pour elle, même si elle l'avait constamment repoussé. Et pourtant, au cœur même de ce désir, de cette passion cachée, résidait le meilleur de l'homme. Au nom de tout cela, il avait été capable de donner sa vie. Il allait lui falloir se relever. Porter plus loin l'espoir d'une humanité plus forte que la mort et la violence, au nom du geste d'André-Georges. Pour que son acte ne soit pas un acte stérile…

Elle posa le pied par terre. La douleur était plus faible et l'attelle semblait suffisante. Elle se mit debout. Il y avait certainement beaucoup à faire. Par où commencer ? Autour d'elle, l'église s'était transformée en un immense hôpital de fortune. Il y régnait un constant brouhaha, amplifié par des cris de douleur, des discussions vives. Elle voulut se remettre au travail, aider, mais elle sentit que ses forces étaient encore limitées. Elle dut se rasseoir à nouveau. Au seuil de l'église, elle aperçut une tête connue : Martha. Elle l'appela. Elle avait entendu et venait déjà à elle :

– Peux-tu m'aider à rejoindre Bertrand ? lui dit-elle. Je veux l'aider dans les soins.
– Tu devrais te reposer. Tu es toute pâle…
– Ce n'est pas le moment pour cela…

La voici, claudicante au travers de la place ! Une foule bruyante était là, malgré les ordres donnés par Martha, les patients n'étaient toujours pas en file indienne. Chacun voulait accéder aux soins. Bertrand avait dégagé des débris du dispensaire quelques caisses de secours. Ils n'auraient jamais assez pour soigner cette foule immense. Le vieux médecin l'accueillit d'un sourire fatigué. À ses côtés, elle trouva une place où elle pourrait être utile. Assise sur une caisse en bois, ses gestes restèrent pourtant plus mesurés. Combien de temps allait-elle pouvoir tenir ?

*

* *

Les heures passèrent. Sur la ville d'où venait un brouhaha incessant, régnait de temps en temps un silence sinistre avant que la clameur ne reprenne. Les bruits avaient changé, moins de véhicules, plus de cris... Les nouvelles n'étaient pas bonnes : encore une vague de disparus sous les décombres... Plusieurs dizaines de milliers de morts... Çà et là, on avait repris les fouilles, mais l'espoir diminuait alors que les heures passaient. Elle entendit des récits atroces : de toute part, des membres déchiquetés, des familles décimées. Dans un seul bâtiment, plusieurs centaines de victimes... Le malheur avait envahi ce monde déjà fragile...

La question déjà délicate des morts reprenait de plus belle. Que faire de tous ces cadavres ? La population résistait encore aux fosses communes, contraires à leurs habitudes ancestrales. Il fallait pourtant enterrer rapidement ces corps...

*

* *

Ses mains étaient fatiguées. Elles n'arrivaient plus à se coordonner et elle dut s'y prendre à deux fois pour terminer un bandage, soigner une plaie. Elle leva la tête. Le nombre des blessés semblait croître au lieu de diminuer... Des membres en sang, des brûlures,... Elle leva son regard vers Bertrand. Encore une nuit sans sommeil... Comment allaient-ils tenir ?

C'est alors qu'elle repensa à André-Georges. Son souvenir lui redonna de la force. Si ses bras ne pouvaient le faire seuls, c'est pour lui, qu'elle devait continuer... Au travers même de son don, quelque chose de plus grand encore la faisait vivre...

*

* *

La nuit était tombée. Il avait encore moins de lumière dans la ville. Pourtant on leur amenait encore des blessés à la lumière de torches jusqu'à ce que la nuit noire les empêche d'agir.

Léa le sentait, la misère du monde s'était donné rendez-vous à leur porte. Ils n'avaient plus rien à leur offrir si ce n'est un sourire et quelques paroles de réconfort. Peut-être que dans une dizaine de jours, la communauté internationale se serait mobilisée et qu'ils recevraient quelques lots, des médicaments, des denrées de première nécessité. Elle avait entendu dire que l'aéroport était inutilisable et les grues du port effondrées... Comment l'aide allait-elle leur parvenir ?

Avec sa jambe cassée, elle se sentait presque inutile. La douleur avait repris. Il fallait qu'elle change son pansement, mais il n'y avait plus rien pour elle. Avec l'aide de Bertrand, elle regagna l'église qui allait lui servir de toit pendant quelques jours en attendant mieux. Ce soir là, à la lumière d'une bougie, elle se prépara un petit nid pour la nuit. Pas grand-chose, quelques habits tirés des ruines du dispensaire qui pouvaient lui servir d'oreiller...

Le vieux curé que tout le monde appelait Jacques était venu les voir. Il avait passé la journée à bénir les corps, par paquets. C'était le chaos partout. Ils manquaient de tout. La grosse inquiétude portait sur l'accès à l'eau. C'était déjà une question difficile depuis longtemps. C'était maintenant une impasse. Pourvu que les incidents de la Cité Soleil ne reprennent pas. Les bruits couraient que la prison avait cédé et que les anciens caïds étaient à nouveau libres...

Jacques était aussi épuisé qu'eux. Son presbytère était intact, mais il n'avait qu'une pauvre pièce. Il offrit sa chambre à Léa, mais elle refusa. Elle voulait rester au milieu des malades. Des dizaines de personnes s'entassaient et d'autres arrivaient encore.

La bâtisse, construite plusieurs dizaines d'années auparavant, était l'une des rares à avoir résisté au séisme dans le quartier. Jacques alluma quelques bougies, jusqu'à ce que l'église fut pleine à craquer… À voir le dénuement de ceux qui les rejoignaient, les rêves de Léa s'envolèrent. Elle allait devoir réduire encore la place qu'elle s'était réservée pour que d'autres trouvent de quoi dormir cette nuit.

*

* *

Il faisait totalement sombre maintenant. La fraîcheur était tombée. Au début, elle l'avait accueillie avec bonheur. Maintenant, elle frissonnait. Ses vêtements sales l'irritaient et elle avait perdu le sommeil. Au fond de l'église, seule la lumière du tabernacle éclairait faiblement la voûte. Les bruits de la ville étaient étouffés depuis que Jacques avait refermé les portes… Le silence était pourtant ponctué par des ronflements et le grognement des blessés amassés autour d'elle.

Elle repensa à la France. Elle n'avait pas pris le temps de donner de ses nouvelles. Comment aurait-elle pu, d'ailleurs ? Les communications étaient détruites. Sa mère devait être terriblement inquiète...

Il ne lui restait que la prière. Ce soir, elle ne confia pas les siens, mais comme très souvent depuis qu'elle était ici, elle pria pour ceux qu'elle avait croisés dans la journée. Ces visages dont elle ignorait souvent les noms, ces hommes et ces femmes défigurés par la douleur, le malheur, la souffrance. Il y avait aussi ceux qu'elle portait depuis quelques semaines. Une liste qui s'agrandissait chaque soir et qui s'était gravée dans sa mémoire, à force d'en répéter les noms. Elle y rajouta André-Georges, son sourire et sa joie de vivre. Maintenant, il avait rejoint ses sœurs, Claire et Sophia, pour lesquelles elle priait déjà depuis plus d'un mois… « Tous ces noms et ces visages sont devenus mes frères maintenant, pensa-t-elle ». La France n'était plus qu'un lointain souvenir. La reverrait-elle un jour ?

Sa jambe avait gonflé. Il lui faudrait trouver un désinfectant pour nettoyer la plaie. Elle sentait que son organisme luttait contre l'infection. À la différence des gens qui l'entouraient, elle avait la chance d'avoir une panoplie de vaccins qui la protégeait du pire. Il lui restait à espérer que ses défenses immunitaires pourraient suffire jusqu'à l'arrivée des secours…

Au fond de l'église, près de la petite flamme rouge, elle aperçut la reproduction de cette « adoration » peinte par Gerrit van Honthorst au XVIIème siècle qu'elle avait offerte à Jacques. Elle avait croisé l'original dans une exposition sur Caravage et ses disciples, au musée des Offices à Florence. Elle avait supplié sa famille d'envoyer une copie ici. De loin, elle en distingua les traits. Elle avait passé tant d'heures à la contempler qu'elle percevait d'ici chaque détail : sur la droite, une vierge aux longs cheveux noirs, le visage éclairé par la seule lumière du linge qu'elle avait saisi par deux pans et qui révélait l'enfant. Elle portait une longue robe bleu dur et un corsage rouge serré par une petite lanière. Elle avait les traits si doux, si émerveillés par l'enfant qu'elle semblait emplie d'une joie profonde. Derrière on percevait à peine Joseph, qui semblait s'effacer devant la scène. Sur la gauche se tenaient deux bergers ou peut être des anges : celui le plus au centre, habillé de vert, avait les traits d'un jeune enfant de moins de dix ans. Il avait des taches de rousseur. Ses lèvres serrées comme ses yeux trahissaient ce qui émanait de lui : un ravissement tout intérieur. Ses mains jointes et son mouvement légèrement penché en avant la bouleversaient ? Peut-être parce que l'enfant si frêle et si fragile était porteur d'un espoir pour l'humanité. Peut-être aussi parce qu'en renonçant à donner la vie, tout son être était maintenant à la fois déchiré par ce manque et en même temps renouvelé en profondeur par l'accueil d'autre chose : d'une fécondité à découvrir, dont elle mesurait chaque jour l'étendue. Sacrifier un bonheur pour une joie plus grande. Du temps où son amour pour Paul était le tout de sa vie, elle n'avait pas imaginé qu'elle puisse en arriver là. Pourtant, aujourd'hui, au cœur de ce pays douloureux et meurtri, elle ne regrettait rien. Sa vie offerte était plus riche que l'enfantement. Elle était portée par cette foule qui lui demandait et lui accordait sa confiance. Une maternité douloureuse et sublimée, mais qui la dépassait entièrement. Elle ne sentait rien et tout à la fois. Rien parce qu'éternellement impuissante devant ce monde, mais forte de cette force intérieure qui l'habitait, en dépit de ses doutes, et lui donnait la force d'avancer, de continuer à croire à un surplus d'humanité, alors que l'espoir semblait lui être toujours plus retiré. Comme chaque soir, elle se sentait impuissante face à l'étendue du mal et ses forces la lâchaient, mais chaque matin, il lui semblait que quelque chose lui redonnait des forces. Elle y puisait la force d'avancer.

*
* *

Pourtant, le lendemain, le miracle n'était pas au rendez-vous. Au réveil, elle n'avait plus d'énergie, elle se sentit vidée. Était-ce la faute à cette nuit interminable ? Était-ce parce que cette journée à venir s'annonçait difficile ? Toujours est-il qu'elle n'avait plus la force de se soulever de son lit de fortune. Sa jambe était gonflée. Peut-être est-ce que l'infection avait pris le dessus de son rêve ? Bertrand vint la voir. Son front plissé ne présageait rien de bon. Il prit son pouls et fit une moue qui en disait long.

– Il te faudrait un peu de vitamines, sans compter bien sûr un bon antibiotique. Je vais nettoyer ta plaie.

Elle aurait aimé lui dire qu'il y avait probablement d'autres urgences. Mais elle savait qu'on ne discutait pas avec lui. Et puis, elle supposa que sa démarche était aussi intéressée. Il avait besoin d'elle… Elle essaya de se soulever sur les avant-bras, mais elle était trop faible. « Me voilà un poids inutile », pensa-t-elle. Alors elle cria à nouveau contre le ciel.

*
* *

Trois jours déjà… L'espoir de retrouver les derniers survivants se tarissait et les visages croisés étaient marqués par la fatigue et le désespoir. Elle surprenait des bribes de conversation, entendait les pleurs de ceux qui criaient la perte des leurs, enfouis sous les décombres. Depuis l'église où elle était toujours alitée, elle avait plus encore l'impression d'être inutile… On était dimanche. C'était l'heure de la messe. Le bâtiment abritait encore de nombreux blessés, même si d'autres avaient pu être évacués. On poussa, sur les bas-côtés, les affaires de ceux qui avaient élu ici domicile. Au milieu des malades et des blessés, la foule commença à remplir l'église. Elle était bruyante. Sur les autels latéraux, des murmures accompagnaient ceux qui déposaient des bougies et priaient souvent à haute voix. Soudain, un incroyable silence régna, l'espace d'un instant. On n'entendait que la faible voix du père Jacques soulevant successivement le pain et le vin. Que le fruit du travail des hommes semblait impuissant ce matin, alors que la souffrance et la mort avaient pris le dessus sur cette terre. Elle ferma les yeux, épuisée.

*

*   *

Une demi-heure plus tard, Léa se réveilla. Avait-elle dormi longtemps ? La messe était finie. Une partie de la foule avait filé, bruyante. D'autres restaient, le visage défait… Certains trahissaient dans leur regard qu'ils y avaient trouvé des forces, d'autres ne savaient plus que croire… Autour d'elle, plusieurs personnes se pressaient pour la saluer. On sentait qu'il y avait chez eux un sentiment de crainte et de respect à son égard.

*

*   *

On était déjà l'après-midi. Elle sentit que la fièvre montait. Ses mains étaient moites et malgré la légère brise qui traversait l'église, son front restait brûlant. Soudain, une vieille dame se pencha sur elle. Léa en reconnaissait vaguement ses traits, marqués par le temps et la misère. Pourtant aucun nom ne lui vint. Malgré son air abattu et les cernes profonds qui marquaient son visage, quand elle croisa son regard, un léger sourire édenté s'était dessiné sur ses lèvres. Qui était cette femme ? Léa finit par retrouver dans ces traits celle qu'elle avait sauvée de la mort, deux mois auparavant : la mère d'André-Georges… Elle devait être effondrée par la perte de son troisième enfant. Pourtant, elle était là. Que faisait-elle ? Léa perçut à son regard qu'elle voulait honorer son fils en finissant ce qu'il avait commencé. La vieille femme ouvrit un petit sac et entreprit de soigner sa jambe avec des remèdes locaux. Le dispensaire n'avait plus d'antibiotiques et de désinfectant. Est-ce que sa médecine allait être plus forte ? Léa réalisa, en pensant cela, que souvent elle avait l'orgueil de croire que sa civilisation était plus évoluée que la leur. Et si aujourd'hui, l'avenir lui donnait tort et ces méthodes ancestrales s'avéraient plus adaptées à l'environnement.

En tout cas, ce soir, elle n'avait pas le choix. Sa jambe allait empirer, faute des produits sophistiqués qu'elle attendait… Elle laissa la vieille femme agir.

Cette dernière s'affairait autour de Léa, nettoyant la plaie puis y disposant une pommade. Léa dut avouer que la douleur lui était soudain plus légère. Est-ce que ce répit allait être durable ? Elle ferma les yeux. La tension qui s'apaisait avait raison de sa fatigue. Sans même la remercier, la jeune femme s'endormit à nouveau…

*

* *

Le lendemain, il lui fallut reconnaître qu'elle était guérie. Bien sûr, la fracture n'était pas ressoudée, mais sa plaie avait repris un teint rose encourageant. Qu'avait-elle appris hier soir, si ce n'est, encore une fois, l'extraordinaire solidarité de ce peuple ? La vieille femme aurait pu lui reprocher la mort de son fils. Au lieu de cela, voici qu'elle avait traversé le bidonville, probablement dès qu'un paroissien lui avait fait part de l'état de Léa, pour quitter son deuil et venir la soigner. Léa était sans voix. On était loin de l'individualisme de nos sociétés occidentales, d'un chacun-pour-soi… Malgré le chaos de ces derniers jours, malgré la violence dont elle entendait les échos, il demeurait ici, du moins dans ce quartier, une solidarité active et inventive… « Ils auraient des leçons à nous donner là-dessus. Certes, le pays n'est pas exempt de corruption et de violence, mais en dépit de cela, au travers cela, ici, le bien résiste… » pensa la jeune femme.

Elle était debout. À ses côtés, un bâton noueux avait été déposé. Était-ce encore un cadeau de la mère d'André-Georges ? Elle s'appuya dessus et parvint à marcher. Maintenant que la douleur était passée, elle put descendre les marches, profitant de l'attelle que lui avait confectionnée Bertrand. Il allait lui falloir peut-être deux mois avant de courir comme une gazelle, mais elle était à nouveau opérationnelle. À peine arrivée sur la place, elle aperçut Bertrand au milieu d'une foule déjà nombreuse. À ses côtés, quelques colis. Avait-on déjà reçu des premiers secours ? Cela allait changer leur petite organisation. Ils allaient pouvoir être plus utiles. Elle le rejoignit et retrouva sa place à ses côtés. Il était visiblement surpris de la voir si fraîche. Son sourire ne dura pas, néanmoins. Les malades attendaient. Il reprit son travail. Ses mains palpaient, soignaient rapidement… Le soleil était déjà haut et la chaleur allait devenir vite oppressante. Léa l'observa un instant. Combien d'heures avait-il dormi depuis le séisme ?

*

* *

Trois jours plus tard, ils eurent un petit répit. Léa décida de descendre vers le bidonville pour remercier la mère d'André-Georges. Elle n'était pas chez elle. Ses voisins lui indiquèrent le terrain où l'on avait enterré les morts des derniers jours. Léa la retrouva au pied d'un petit monticule de terre. Elle l'inondait de ses larmes. Ainsi, malgré son empressement à l'aider, la vieille femme n'avait pas été épargnée par la souffrance. À ses côtés, Léa resta silencieuse. Avisant une petite fleur qui avait jailli non loin de là, elle la déterra pour la planter sur la tombe. Petit signe fragile d'une amitié brisée. « *André-Georges, toi qui a rejoint Paul là-haut, protège ta mère et conforte-la* » marmonna-t-elle à ce Dieu qui semblait si loin…

Si les larmes lui vinrent, ce n'était pas pour lui seulement, mais pour tous ces hommes et ces femmes qu'il avait rejoints et pour lesquels elle n'avait rien pu faire. Le champ où les tombes s'alignaient, nombreuses, parlait à lui tout seul… Ses pensées allèrent aussi à Paul, celui qu'elle avait aimé et qui était parti, deux ans plus tôt. La roue tournait. Elle était sur cette terre qui devenait « sa » terre, et pourtant, le souvenir de cet amour passé n'était pas effacé de sa mémoire. Comment pourrait-elle oublier la danse sublime qu'elle avait dansée ? Elle le sentait, il était à ses côtés, même si le souvenir de sa présence s'effaçait et lui échappait peu à peu…

Elle revint à l'église et se glissa dans son lit. C'est alors que la terre trembla, à nouveau…

- II -

À quelques milliers de kilomètres plus à l'est, Bruno s'épongea le front. Cela faisait maintenant trois mois qu'il travaillait dans les territoires palestiniens à l'est de Jérusalem. La chaleur était tenace ce jour-là sur le Wadi Kelt et il devait lutter contre les mouches qui ne cessaient de le harceler et l'empêchaient de soigner ses malades.

Au loin, à perte de vue s'étendait le désert montagneux, ces roches rouges ou sablonneuses traversées parfois par un maigre ruisseau. La végétation était parsemée et la faune se réduisait à quelques rapaces, deux ou trois reptiles et quelques rongeurs. Tout était ici désolation aux abords de ce camp surpeuplé de réfugiés.

Depuis qu'il avait quitté la Marine, son départ de France et son installation, de nombreux mouvements intérieurs l'habitaient. Pourquoi avait-il fui la France ? Qu'était-il venu chercher dans ce lieu ? L'argent, en partie, puisqu'il lui fallait rembourser l'École Navale, mais pas uniquement.

*

* *

La nuit suivante, il fut dérangé par une visite surprenante. Alors qu'il essayait en vain de trouver le sommeil, dans la petite tente isolée du camp, il entendit des bruits de pas. Bruno n'eut pas le temps de se relever qu'un homme arriva essoufflé. Il avait une odeur de sueur marquée et il tremblait de tous ses membres. À peine parvenu sous la tente, il s'était allongé par terre. La présence de Bruno l'avait surpris autant que ce dernier. D'abord, il avait cherché à s'enfuir, puis, avisant la tenue du Français, sa barbe, il avait vite compris que Bruno était inoffensif. Il avait commencé par lui parler en arabe, par des phrases sèches et entrecoupées. Puis comprenant que le Français ne parlait pas sa langue, il s'était adressé à lui dans un mauvais anglais. Il s'appelait Élisah, Palestinien de très vieille origine, il habitait Taïbeh, un des petits villages situés au nord-est de Jéricho.

Il résuma son histoire. La veille, il avait été accusé d'espionnage par l'État d'Israël. Les forces de l'ordre étaient venues l'arrêter. Il avait pu fuir à temps à travers le désert, grâce à la complicité des villageois. Pour combien de temps ? Son seul crime était d'avoir permis le franchissement du mur à une jeune femme arabe dont il était follement amoureux. Mais ces détails subtils n'avaient pas été perçus par les agents du Mossad. Il était condamné à fuir. Il demanda à Bruno de l'abriter pour la nuit.

Cette irruption fit prendre conscience à Bruno d'une réalité qu'il n'avait cessé de nier depuis son arrivée ici. Plusieurs fois ses soins avaient été troublés par le passage d'un avion de combat ou le survol du Wadi Kelt par un hélicoptère de l'armée. Il avait toujours nié l'existence de cette menace, la traitant comme tous ces parasites qui le détournaient de son travail. Cette nuit, pourtant, il ne pouvait plus ignorer ce qui se passait en dehors du camp. Il était complice ici de ne rien faire, d'ignorer une réalité qui pourtant ne cessait de lui envoyer d'autres victimes. Le fait qu'il travaillait pour une institution caritative juive ne le dispensait pas d'avoir un avis sur ce qui se passait ici. Et de fait, il se sentait un pion au service d'une réalité à laquelle il n'adhérait pas. Quand un hélicoptère se fit entendre à l'aube, Bruno se mit à trembler. Il se sentait démuni, comme ce jour qui hantait encore ses cauchemars, où sur le *Terrible*, il avait été pris au cœur d'une bataille sous-marine. Et s'il était découvert, allait-on l'accuser de collusion avec l'ennemi ? Était-il devenu insensible aux cris de l'humanité ?

Élisah le quitta à l'aube, repartant vers le sud. Bruno ignorait s'il survivrait à cette chasse à l'homme. Il lui avait donné une bonne partie de son argent… Dans la suite de la matinée, il avait entendu à nouveau le claquement régulier d'un hélicoptère patrouillant la région et s'était demandé ce qui arriverait si le Palestinien évoquait son aide.

*

* *

Une nouvelle distraction vint troubler les soins qu'ils prodiguaient aux gens du campement ? Un vieux moine du monastère voisin s'approchait. C'est alors que Bruno aperçut la lettre qu'il tenait à la main. Il n'y avait qu'une personne qui connaissait son adresse et elle avait pour ordre de ne lui écrire qu'en cas d'extrême urgence. Aussi la venue de ce moine, n'était pas de bon augure.

Il le remercia et ouvrit la missive. Elle était arrivée en express. Sa mère pour une fois n'a pas enrobé la nouvelle de mots inutiles. « Ton amie Léa est portée disparue dans un tremblement de terre. Pas de nouvelles depuis trois jours. Tes parents. »

Léa. Il revoyait son visage depuis ses premières rencontres : le soir de la mort de Fabien, notamment, un drame qu'il n'arrivait pas à oublier. Et puis, il y avait la mort brutale de Paul. À chaque fois, il lui semblait qu'il arrivait trop tard, qu'il ne pouvait rien pour elle, qu'il manquait une occasion d'être utile.

La dernière fois qu'ils s'étaient croisés, ils avaient eu une longue discussion ensemble sur son désir de partir pour l'association qui l'employait. L'un et l'autre avaient reçu un « appel ». Complémentaires ? Où n'était-ce qu'une fuite ? Il savait qu'il fuyait la Marine. Elle devait fuir ses souvenirs… Il était difficile de la juger.

Ils s'étaient pourtant donné rendez-vous un an plus tard, à la suite de leurs propres essais pour partager sur les fruits reçus de leurs chemins communs. La lettre lui fit l'effet d'une bombe. Léa morte ?

L'irruption de cette nouvelle eut un effet dévastateur. Avec le souvenir de Léa se réveillèrent d'autres visages, des situations, des souvenirs. C'en était fini de sa « tranquillité ». Et de ce fait, le doute commença à revenir. Est-ce qu'il était à la bonne place ? Certes il soignait des malades, mais pour qui, dans quel but ? Il se sentait manipulé.

*

*   *

Il prit sa décision rapidement. Il rassembla ses maigres affaires et quitta le camp, sans autre commentaire qu'une lettre sèche où il indiquait qu'il ne voulait plus travailler pour une cause qui ne lui semblait pas juste.

Sur le chemin qui le ramenait à Jérusalem, il ressortit la lettre de sa mère. « Portée disparue dans un tremblement de terre. Pas de nouvelles depuis trois jours ». Il regarda la date. Elle avait été postée la veille. Et s'il allait à sa recherche ! Certes, il ne savait rien de ce qui était arrivé là bas, s'il allait pouvoir atterrir sur l'île. Mais quelque chose le poussait à aller sur les traces de Léa. S'il ne la retrouvait pas vivante, peut-être pouvait-il reprendre son poste. Elle était partie à Haïti avec une vulgaire formation d'aide-soignante alors qu'il était médecin. Il était sûr que, sur place, il aurait de quoi faire… Il lui suffisait de contacter un de ses amis qui s'occupait d'une de ces ONG dont il s'était désintéressé à tort, grisé, comme il l'était, par le salaire qu'on lui offrait ici…

Le chemin s'élevait maintenant loin du Wadi Kelt. Il revit les restes de quelques dalles posées par les Romains. Il arrivait bientôt en vue de Béthanie, ces lieux chargés d'histoire. Il pressa le pas. Le soleil était en train de descendre derrière les collines de la ville. Il en distingua bientôt les contours. Alors que sous ses pieds s'étendait le reste du jardin des Oliviers, il aperçut maintenant la grande esplanade, les ors du dôme du Rocher et de la mosquée Al Aqsa, qui brillaient sous les lumières du soleil couchant. Une foule nombreuse se pressait encore sur l'esplanade. Un monde dont il était si loin ! Il dévala le chemin que longeait un mur fleuri et arriva dans le tumulte de la ville. Un taxi ! Il le prit en direction de l'aéroport Ben Gourion. À un check-point sa barbe de trois mois et sa tenue posèrent des problèmes. Il dut exhiber son passeport, se lancer dans des explications sans fin, avant qu'ils ne le laissent passer. Il repensa à Elisah. Allait-il réussir à se faufiler à travers les mailles du filet ?

- III -

Il semblait à Léa que les choses commençaient doucement à reprendre pied ici. Les secours arrivaient mieux et la population trouvait, non sans mal, de la nourriture et de l'eau. Les dernières secousses semblaient plus faibles… Elle avait enfin réussi à lancer un message vers la France pour les rassurer. Il ne savait pas s'ils le recevraient rapidement.

Ce matin, dans la file des patients qui se pressaient pour les soins, on lui avait amené une petite fille de deux ans. Elle avait perdu ses parents dans le tremblement de terre et n'avait plus de famille proche. Il allait falloir qu'elle lui trouve un nouveau foyer. Pour l'instant, elle l'avait installée à ses côtés. Elle jouait calmement avec les emballages des pansements. De temps en temps, Léa se laissa aller à observer ses petites mains encore potelées qui froissaient avec acharnement le papier plastifié des boîtes. Elle sentit monter en elle des élans de maternité longtemps refoulés. Et si elle la gardait « pour elle »... ? L'expression même l'alerta. L'enfant ne pouvait être à elle. Si elle lui était confiée, cela ne pouvait rester que temporaire. Serena appartenait à cette terre. Elle n'avait aucun droit sur elle. Elle pensa que dans la soirée, si elle en trouvait le temps, elle irait voir la mère d'André-Georges. Peut-être trouverait-elle dans le bidonville quelqu'un pour la prendre en charge ?

*

* *

Bruno avait juste pris le temps de se raser et de prendre une douche. Il était maintenant au-dessus de l'Atlantique. Il n'avait pas trouvé de vol direct, mais il y serait dans une bonne dizaine d'heures.

Sur ses genoux, plusieurs journaux lui permettaient de reprendre pied avec l'actualité. On ne pouvait pas dire que les choses s'étaient améliorées pendant son séjour... Sa destination en était un dur exemple. Les images et les descriptions étaient horribles...

Il avait réussi à joindre son collègue. Ce dernier l'avait assuré que son ONG l'accueillerait les bras ouverts sur place. Ils manquaient de personnel et étaient débordés. Dans quelle galère allait-il se trouver ? Une chose était certaine, il ne gagnerait pas grand-chose à côté du pont d'or qu'il allait percevoir pour son séjour, même raccourci, en Israël.

Il ferma les yeux et arriva à trouver une sorte de demi-sommeil. Le bercement de l'avion l'emporta dans des rêves indistincts. Il allait avoir besoin d'énergie, cette fois. Avait-il pris une décision trop rapide ? Il avait toujours été impulsif de nature. Parfois, on lui reprochait son manque de discernement, son inconstance. Ce qui l'appelait aujourd'hui était indéfinissable. Des remords, l'envie de retrouver la trace de Léa, le désir d'abandonner ce pays de contradiction pour une cause plus saine ? Il y avait peut-être un peu de tout cela dans ce voyage. Il n'avait même pas pris le temps d'informer ses parents de ce changement de direction. Après tout, il était majeur maintenant. Cela ne les concernait plus directement.

*

*   *

Ce soir Bertrand lui sembla plus fatigué que d'habitude. Il n'avait jamais ménagé son énergie pour le service de ses malades. Elle se mit à craindre qu'il n'ait été trop loin. Leurs nouvelles conditions de vie étaient plus que spartiates. Une poignée d'hommes s'était attelée à reconstruire un abri dans les restes du dispensaire. Cela allait prendre quelques semaines. Pour l'instant, ils avaient abandonné l'église au profit d'un campement temporaire. De grandes tentes où elle retrouvait un minimum d'intimité. Cela était loin cependant du confort des murs précédents. Même s'ils lui étaient tombés sur la tête, elle continuait à en regretter l'absence.

Elle avait terminé seule, à la lumière des bougies, les derniers soins, Bertrand étant parti se coucher. Puis, elle avait nourri la petite Serena. La petite fille était étrangement calme ce soir. Elle avait été plus difficile en fin d'après-midi. Des patientes l'avaient souvent prise en charge quand Léa soignait leurs enfants. Malgré le départ de ses parents, Serena semblait, ce soir, à nouveau sereine. Comme si elle se résignait déjà à cette disparition. Est-ce que l'oubli était possible à cet âge ? Elle était maintenant dans le creux de ses bras, sirotant un biberon de lait concentré. C'est tout ce qu'elle avait trouvé pour elle en plus d'une part de son riz.

Serena se remit soudain à pleurer. Était-ce l'absence de sa mère ou sa faim ? Léa commençait juste à la trouver parfaite...La voici qui hurlait à nouveau dans ses bras. Il lui fallait se lever et tenter de la bercer. Avec son attelle, ce n'était pas commode. Au bout d'un quart d'heure, la petite finit par se calmer et s'endormir sur l'épaule de la jeune femme. Léa était aussi fatiguée qu'elle. Elle s'allongea sur son lit de camp et la garda contre son corps. Ce petit être fragile, dans le creux de ses bras, fit jaillir à nouveau en elle une pointe d'émotion. Elle l'aurait bien gardée pour elle. Mais elle avait fait un autre choix et Paul n'était plus là pour être le père dont l'enfant aurait besoin.

*

* *

Déjà l'aube ! Elle aurait bien dormi deux heures de plus, mais l'enfant s'était remise à hurler. Ferait-elle ses dents ? Léa se leva à contrecœur et lui prépara un biberon. Il allait falloir qu'elle trouve quelqu'un de plus disponible qu'elle !. Elle avait espéré pouvoir rendre visite à la mère d'André-Georges hier, mais n'avait pas réussi à dégager du temps. Il fallait qu'elle en prenne aujourd'hui… Classer les priorités… Tout était urgence ici. Elle aurait aimé prendre du recul, s'arrêter, au moins un jour ou deux pour souffler, reprendre des forces. Elle n'était qu'action. Elle sentait ses forces s'amenuiser. Ses membres ne répondaient plus. Que dire alors de son enthousiasme ?

André-Georges lui manquait. Il avait toujours le bon mot, l'énergie et la joie de vivre qui la poussait au bout de ses capacités. Il lui servait d'aiguillon. Maintenant, à côté d'un Bertrand usé, elle perdait son élan. Où était-il d'ailleurs ? En général, il était levé bien avant elle…

Serena dans les bras, s'appuyant d'une main sur la canne qui l'aidait à se déplacer, elle traversa le campement vers la tente du vieux médecin. « Bertrand ! » Il ne répondit pas à l'appel. Il lui fallut se pencher, ouvrir sa tente. Il était là, mais son état était pire qu'elle le craignait. Il était tremblant sur son lit, secoué par des spasmes et le corps en sueur. Il avait dû attraper une infection. Elle posa l'enfant et lui prépara le breuvage qu'il lui dicta à l'oreille d'une voix éteinte. Il ne manquait plus qu'il la lâche ! Elle s'assit aux pieds de son lit, et tout d'un coup elle lâcha prise… Les larmes lui vinrent sans qu'elle puisse les retenir… Cela faisait longtemps qu'elle n'avait pas craqué… Est-ce le fait d'être seule pour assumer une tâche qui la dépassait ? Était-ce la perte d'André-Georges qu'elle avait cherché à masquer depuis dix jours dans un faux activisme ? Était-ce cette solitude qu'elle ressentait, loin des siens, au bout du monde, incapable de porter le fardeau de ce peuple ? Tout se mêlait dans son désespoir…

*
* *

C'est Jacques qui vint lui redonner un peu d'énergie. Inquiet de ne voir personne alors que devant son église, la foule se pressait déjà et que le soleil inondait la place de ses rayons brûlants, il était parti à leur recherche avec Martha. Quand il vit Léa au pied du lit de Bertrand, la tête dans les mains, il commença par s'éloigner, gêné. Elle aperçut cependant ses sandales de cuir et le reconnut. Elle le rappela, pensant avec émotion que le vieux prêtre avait toujours la même délicatesse à son égard…

– Quelque chose ne va pas, Léa ?
– Je suis à bout. Et Bertrand est malade.
– Bien… Je vais disperser la foule… Ils reviendront demain…
– Non, attendez, j'arrive. Pouvez-vous prendre Serena, une seconde ?

Il prit l'enfant qui le gratifia d'un joli sourire. C'est cette joie innocente qui donna à Léa la force de se relever. Une fois debout, elle reprit la gamine et le suivit vers la place. Sans Bertrand, elle ne pouvait pas faire grand-chose, à part quelques conseils et des soins d'urgence. Elle le glissa à Jacques qui l'avait accompagnée. Il fallait prévenir l'ONG qu'elle envoie quelqu'un en secours. Seule, elle n'était pas très utile…

Alors qu'elle commençait à s'installer et prodiguer quelques soins aux plus proches, elle aperçut derrière la foule le toit de la deux-chevaux qui se faufilait difficilement vers le centre-ville. Sans téléphone, Jacques était obligé de prendre sa voiture. Elle espéra qu'il puisse trouver quelqu'un rapidement.

*
* *

La journée est passée à toute vitesse. Elle n'avait pas revu Jacques. Pourtant, dans l'après-midi, elle avait aperçu la Citroën, non loin de là. Il avait dû transmettre la nouvelle, mais, bredouille pour l'instant, il avait filé ailleurs. Léa se redressa pour évaluer le nombre de personnes qui se pressaient encore autour d'elle. Sans Bertrand, elle avait renvoyé beaucoup de ceux qui lui semblaient peu urgents et avait fait de son mieux pour le reste. « C'est fou ce que j'ai pu apprendre en six mois. J'espère seulement que mon diagnostic ne sera pas erroné. La plupart des affections signalées se ressemblent tant » pensait-elle. Il ne restait que cinq personnes à traiter. À l'ouest, le soleil déclinait déjà dans le ciel. Elle avait encore deux petites heures pour s'occuper de Serena. Cette fois, elle ne voulut pas laisser passer l'occasion. Il fallait qu'elle accélère ces consultations.

C'est alors que Martha apparut. Elle l'avait envoyée voir Bertrand. Elle revint lui dire qu'il était au plus mal et qu'il l'avait chargée de trouver Jacques pour qu'il le conduise à l'hôpital. Elle aperçut en effet, au loin, la deux-chevaux qui se dirigeait vers le campement. Bertrand allait partir et elle ne pouvait même pas le saluer. « Pourvu qu'il s'en remette… » pensa-t-elle.

*
*   *

Elle avait fini. Armée de sa canne, elle descendit vers le bidonville. Sur son passage, les gens s'écartaient toujours avec un sourire mêlé de respect. Pourtant elle n'était qu'une pauvre aide-soignante, faisant du mieux qu'elle pouvait.

Elle trouva la mère d'André-Georges chez elle. Quand elle lui expliqua sa requête et lui montra l'enfant, Léa vit dans son regard, pourtant marqué par la tristesse, une lueur de joie. « Oui, je vais la prendre en charge… Ne vous inquiétez pas… » Ce n'est pas sans une certaine émotion que Léa lui tendit l'enfant. En deux jours, Serena avait marqué sa vie, prit une place immense, même si elle n'avait jamais imaginé qu'elle puisse être durable, elle se rendait compte que cette présence à ses côtés n'était pas neutre. Quand elle s'éloigna et reprit le chemin de l'église, Léa sentit monter en elle, à nouveau une certaine émotion. Elle leva les yeux vers l'ouest. Le soleil était en train de lancer ses derniers rayons à travers les collines boisées. Le ciel avait des teintes dorées qui l'enchantaient et l'apaisèrent. Sur les hauteurs, sur sa gauche, il y avait quelque part, là-bas, la tombe d'André-Georges. Lui aussi lui manquait. « C'est fou tous ces êtres auxquels je m'attache, sans le savoir. Je suis pourtant complètement donnée à ma tâche. J'agis sans prendre le temps de peser chacun de mes actes et pourtant voilà que se tissent des liens invisibles, des proximités fugaces et pourtant puissantes. La vie est faite de ces rencontres, de ces êtres qui en se croisant tissent une belle tapisserie, dont la face n'est visible qu'en se retournant en arrière, en contemplant le chemin parcouru… », pensa-t-elle.

*

*   *

Depuis son arrivée, Bruno était noyé dans le bazar sans nom qui régnait dans la capitale. Il lui avait fallu trois heures pour gagner le QG de l'ONG qui allait l'employer, les routes étant saturées par des convois sans fin, le trafic étant, de plus, perturbé par les dégâts immenses du tremblement de terre. Il avait longé la Grand'Rue de Port-au-Prince. Une maison sur deux était par terre, la plupart avaient perdu leurs façades et la rue n'était praticable que parce que l'on avait repoussé les gravats sur le côté. Tout était gris et sinistre…

La fatigue du voyage se faisait sentir. Il avait perdu tous ses repères et se sentait noyé dans un monde qui l'envahissait et l'entourait. Prisonnier au piège de ses choix ! Avant d'espérer trouver des traces de Léa, dont finalement il ne savait pas grand-chose, il lui fallait trouver un toit, une occupation qui justifie son arrivée. Au comptoir, il aperçut devant lui un prêtre qui semblait déplorer que le médecin qui lui était rattaché fût malade. Il demandait un remplaçant. Il eut envie de se présenter à lui, de lui offrir ses services, mais il se retint. Il fallait respecter les règles ! Passer par l'ONG. Qui sait où ils allaient l'envoyer ? Au bout de deux heures, quelqu'un le reçut, dans une pièce attenante. On prit des renseignements sur lui, on l'étiqueta, même ! Puis il reçut son affectation. Il devait s'y rendre par ses propres moyens. Sur place, il trouverait une organisation, c'est en tout cas ce qu'affirmait l'employé débordé qui, une fois l'adresse transmise, s'était déjà détourné pour traiter un autre dossier. Il se retrouva dehors, son sac à la main, dans ce pays inconnu, avec un bout d'adresse qui ne lui disait rien. Heureusement, ici les gens parlaient français ! Il demanda son chemin.

Un vieux taxi accepta de le conduire. Il ne savait pas comment il arrivait à se faufiler dans ce chaos. Ce n'était pas vraiment une voiture, plutôt un pick-up que l'on appelait ici « tap-tap ». Il comprit vite pourquoi, au bout de quelques centaines de mètres, secoué comme un vieux sac. Pourtant, vers 19 heures, il arriva sur une place, devant une église. Il décida d'entrer dans le bâtiment. Ici, étonnamment le silence régnait. Il y avait un grand nombre de femmes, la plupart à genoux devant la statue d'une vierge, en prière. Il ne savait pas si elles priaient ou si elles pleuraient, tant le murmure était indistinct. Cela devait être un mélange des deux. Au fond de l'abside, il aperçut une petite lumière rouge et la reproduction d'une peinture. Il s'approcha, posa son sac et s'assit sur le bord d'un banc.

Un détail attira son attention. Sur l'image, le visage de la vierge était de toute beauté. Il rayonnait, de cette peinture, une paix profonde, sereine. Devant elle, l'enfant était empli d'une lumière indirecte qui laissait parfaitement distinguer ses traits tout en rayonnant sur le visage des personnages. Il y avait là une sérénité que seule une véritable œuvre d'art peut rendre. Certes, ce n'était qu'une image, mais elle chantait pour lui une chanson particulière. Il resta là à contempler cette scène.

Derrière lui, il perçut un bruit de pas haché. Probablement une vieille femme, au son de sa canne. Elle s'approcha et s'assit non loin de lui. Il s'empêcha de se retourner… Dans le calme de l'église, ses yeux commencèrent à se fermer. Le décalage horaire ! Il lutta pour ne pas s'endormir. Il finit par se relever. C'est alors qu'il la vit. Léa ! Elle était là, à ses côtés et il ne l'avait pas reconnue. Elle semblait en prière, fixant elle aussi des yeux l'image qu'il venait de contempler. Y puisait-elle la même paix intérieure que lui ? Après ces mois l'autre bout du monde, son profil lui semblait aussi radieux que cette vierge qu'elle contemplait. Soudain, des sentiments divers le submergèrent. À la fois la joie de la voir, ici, saine et sauve, mais aussi quelque chose de nouveau, qu'il n'avait pas ressentie auparavant. Une immense tendresse qui se portait vers elle, comme si elle faisait irruption dans son cœur, l'embrasait d'un feu nouveau. Pendant cinq bonnes minutes, il resta là sans bouger, contemplant du regard son visage. Quelques détails lui sautèrent aux yeux progressivement. Ses traits fatigués, le creux de ses joues, ses cernes, ses cheveux épars et mal coiffés, une tristesse profonde qui semblait l'enserrer alors qu'il l'avait connue vive et pleine d'entrain. Et cependant, au milieu de tous ces signaux alarmants, il y avait dans la concentration de son regard, une paix intérieure qui émanait de sa personne et l'obligeait à prendre de la distance. Il le sentait, tout particulièrement, aujourd'hui, il y avait, dans cette femme, une aura particulière qui se dégageait et le forçait au respect. Tout cela l'emplissait de mouvements contradictoires. Il avait à la fois envie de la prendre dans ses bras, dans la joie de la revoir, de la serrer contre lui et de lui prodiguer toute son affection et en même temps, il était paralysé par ce qu'elle était… Si différente, si loin de ce qu'il était lui-même. Ils avaient pris des chemins divergents et ils étaient maintenant réunis. Par une impulsion soudaine, il se retrouvait projeté dans son monde. Comment allait-elle l'accueillir ? Sa crainte lui donnait autant envie de disparaître que de courir vers elle. Jamais il n'avait senti en lui autant de contradictions mêlées. Et pourtant, au fond de lui, une joie profonde venait de naître. Léa était là ! Il allait pouvoir l'aider, l'assister, lui redonner courage. Peut-être qu'à deux ils pourraient trouver une voie, faire ensemble du bien sur cette terre meurtrie !

*
* *

Léa avait remonté la ruelle et alors que la nuit commençait à envahir la place, elle avait eu envie de poser son corps meurtri. Elle ne savait pas de quoi le lendemain allait être fait, si la demande de Jacques allait aboutir. Allait-on pouvoir continuer ce long sillon d'humanité, tracé par Bertrand dans ce quartier, au service de ce peuple meurtri ? Depuis son départ, ses forces lui manquaient et il ne lui restait plus que la prière. Souvent, il lui semblait qu'il était vain, ce cri lancé au milieu de ces hurlements de désespoir. Pourtant, elle n'avait pas perdu l'espoir malgré l'ampleur de ce mal qui rongeait ce pays. Pourquoi avait-elle encore confiance ? Peut-être qu'elle ne ferait pas de miracles, peut-être que le seul miracle, ici, était cette étonnante solidarité humaine qui remplaçait et surpassait toutes les richesses de l'Occident. « Nous voulons porter nos maigres dons, mais la force de ce pays est ailleurs, elle est dans l'opiniâtreté d'un peuple en marche qui se serre les coudes et se bat, en dépit de tout le malheur qu'il rencontre. Si cela n'existait pas, ma cause serait perdue d'avance », pensa-t-elle.

En attendant, elle avait besoin de reprendre des forces. Dans l'église ce soir il y avait peu de monde. Un jeune homme était assis près de l'endroit où elle aimait se mettre. Elle ne reconnaissait pas sa silhouette, mais elle ne connaissait pas tout le monde ici et il faisait sombre dans cette partie de l'église ! Elle appréciait à l'avance cet instant de calme et de répit. Il allait falloir, qu'ensuite, elle trouve Jacques, qu'elle lui demande des nouvelles de Bertrand, s'il y avait l'espoir d'un remplaçant… Mais pour l'instant, elle ne pouvait que prier !

*

*   *

Un bruit sur sa gauche. Elle sentit un regard porté sur elle. Pourtant, elle essayait de rester concentrée. Cela faisait si longtemps qu'elle n'avait pris le temps de déposer tout cela…

Et cependant, elle tourna la tête, instinctivement. Soudain, elle n'en crut pas ses yeux. Bruno ! Lui qu'elle croyait parti en Israël pour un beau salaire, un peu louche, était là, devant elle, ici… Son sourire répondit au sien. Elle chercha à se lever, mais il était déjà debout. Il lui prit les mains avec douceur.

– Je suis là…
– Que fais-tu ici ?
– Je suis venu aider…
– Mais je te croyais parti…
– Ma mère m'a dit qu'ils n'avaient pas de nouvelles de toi. Je suis venu… Je viens de m'engager en tant que médecin ici…
– Ici… ?
– Oui, on vient de m'affecter auprès d'un certain Jacques que je n'ai pas trouvé.
– Mais c'est génial !

Léa ferma les yeux alors qu'une nouvelle émotion l'envahit. Elle ne sut pas quelle impulsion la prit, mais elle se lova soudain dans ses bras et posa sa tête sur son épaule. Les larmes l'envahir, à nouveau. Cette fois, c'était de joie. Il ne bougea pas. Elle sentait que le mouvement l'avait ému. Il se contenta de toucher délicatement sa tête, de lui caresser ses cheveux, alors que des sanglots l'envahissaient à nouveau.

Bientôt, elle se ressaisit, se redressa et le regarda à nouveau.

– Pardonne-moi. Je suis contente de te voir. Je suis à bout...

– Ne t'inquiète pas... Je comprends que tu sois exténuée...

Il l'aida à se relever et ils sortirent. Elle l'emmena sur le côté de l'église et le présenta à Jacques. Le vieux prêtre fut aussi enchanté qu'elle. Une nouvelle vie allait commencer...

Elle conduisit Bruno à la tente de Bertrand. Il allait l'occuper jusqu'à son retour. Ils dînèrent face à face. Ils avaient tellement de choses à échanger depuis que leurs chemins s'étaient séparés...

*

*   *

Le lendemain, Bruno était déjà à pied d'œuvre quand elle arriva sur la place. Les premiers patients étaient un peu déroutés de voir cet inconnu en blouse blanche avec son air sérieux. Elle sentit que son arrivée les rassura. Il dut le sentir aussi parce qu'il lui sourit d'un grand regard franc. Elle espéra qu'il n'avait pas interprété le geste d'hier autrement que ce qu'il était, une manifestation amicale. D'un certain côté, sa présence masculine à ses côtés n'était pas anodine. Ce n'était pas comme avec Bertrand ou Jacques. Il lui faisait un peu penser à André-Georges. Une présence délicate et discrète et pourtant plus appuyée, plus marquée que celle du vieux médecin. Il allait falloir qu'elle soit plus prudente, qu'elle trouve la bonne distance.

*

*   *

Bruno avait passé une mauvaise nuit. Probablement le décalage horaire, le changement de lieu, d'environnement, les bruits nouveaux si différents de ceux auxquels il s'était habitué au Wadi Kelt. Il avait aussi pensé à Léa, à son odeur et sa présence dans ses bras la veille. Est-ce que cette proximité avait fait naître en lui quelque chose ? Il était troublé par cela.

Ils passèrent la journée côte à côte. Avec le brouhaha de la foule qui se pressait à côté d'eux, l'urgence des soins à donner, ils se croisaient souvent, dans un ballet surréaliste. Parfois, ils échangeaient un vague sourire. Bruno avait le sentiment constant d'une présence qui lui donnait de l'énergie, le poussait à se dépasser. Une fois, ils se retrouvèrent face à face, l'espace d'un instant. Elle s'écarta pour le laisser passer. Il sentit alors son souffle, son parfum. Que lui arrivait-il ? La présence de Léa, sa proximité emplissait sa vie, l'habitait, le troublait…

*

* *

La nuit était tombée et les patients n'arrivaient plus. Ils partagèrent un maigre repas en silence. Après ce travail exténuant, ils devaient reprendre leurs forces. Ils échangèrent quelques phrases éparses. Soudain, elle se leva et lui fit signe de la suivre. Ils quittèrent la place et descendirent vers le sud. Au milieu d'une foule nombreuse, ils pénétrèrent dans le bidonville. La vie semblait avoir retrouvé ici un certain calme. Était-ce parce que leurs constructions fragiles avaient été moins touchées que les maisons en dur ? Léa ne disait pas grand-chose. Elle conduisit Bruno jusqu'à une petite colline puis s'arrêta devant un espace vide sans arbres… Il lui sembla que ce devait être une sorte de cimetière. Une multitude de tombes étaient visibles. Quelques bougies y brûlaient. Léa se faufila dans les allées puis s'arrêta devant l'une d'entre elles.

– Voici l'endroit où ils ont mis André-Georges, glissa-t-elle…

Bruno sentit que la voix était émue. Il eut envie de poser son bras sur son épaule. Comment allait-elle l'interpréter ? Il résista et resta silencieux, à ses côtés. Elle lui avait raconté la veille la nuit du séisme, le courage du jeune homme. Il y avait, il le sentait entre lui et Léa, toutes ces personnes aimées qu'elle ne pouvait oublier et qui habitaient sa mémoire. Il allait lui falloir du temps pour remonter vers la vie. Pourtant, il lui sembla que sa présence à ses côtés ne serait pas de trop. « J'attendrai… Si un jour elle ressent ce qui m'envahit depuis ce matin, nous pourrons trouver ensemble un chemin de vie… Sinon, mon amitié lui est acquise… », pensa-t-il…

L'amour, il le savait, était autre chose que le frisson du vent. C'était un voyage au long cours à construire à deux…

*

* *

Depuis que Bruno était là, elle retrouvait la paix. Pourquoi lui fallait-il une présence, le sentiment d'être entourée, pour être plus gaie, plus joyeuse ? Elle croyait tout faire par la force du poignet, il lui semblait que la prière serait son seul soutien et, pourtant, elle n'était pas si différente de toutes les autres femmes. Elle restait une femme de chair et de sang, soucieuse d'être aimée, acceptée, secondée… Voulait-elle être la belle infirmière qui faisait rêver un peuple, à l'image de cette dévotion secrète que lui portait André-Georges ? Elle était en tout cas fragile. La présence de Bruno lui faisait du bien. Un peu comme Bertrand, mais peut-être aussi différemment, parce qu'il était jeune, plein de vie et que finalement, ils avaient tous les deux des points communs, la même ardeur.

Au fond d'elle, elle le sentait bien, elle restait persuadée qu'il ne pouvait y avoir de l'amour. Elle avait goûté à cette joie par deux fois… Où cela l'avait-elle menée ? Avec Paul, elle avait dansé une danse sublime. Comment effacer cela ? Elle ne pouvait espérer connaître un amour aussi profond, aussi dense. L'amour d'une vie pouvait-il laisser place à autre chose ? Pouvait-on revivre après un deuil ?

Elle avait conduit Bruno sur la tombe d'André-Georges. Était-ce pour mettre entre lui et elle le poids de ces absents ? Cela devait être sa manière à elle de se protéger, de ne pas laisser grandir une faille possible. Bruno était resté silencieux, à ses côtés. Elle lui en fut reconnaissante.

Sur le retour, ils traversèrent la partie sud du bidonville avant de rejoindre l'église. Ils croisèrent des visages, connus ou inconnus : ils semblaient tous marqués par l'abattement. Combien de temps avant que la vie reprenne le dessus ? Pour l'instant, chacun cherchait à se procurer l'essentiel : de l'eau, de la nourriture, un abri. C'était peu de chose à l'échelle des besoins des Européens, habitués à une profusion de ces biens. Ici, c'était l'essentiel. Elle restait en admiration pour cette solidarité qui régnait dans cette partie de la ville. Certes, il y avait parfois quelques batailles pour s'approprier certains biens, des rixes pour l'accès à l'eau, mais ces violences n'étaient finalement que des épiphénomènes par rapport à la foncière bienveillance de ces démunis. » Quand on a peu, on partage…

- IV -

Comme le temps était passé vite. Cela faisait quinze jours qu'ils étaient côte à côte. Leurs journées se ressemblaient. Ici, les soins s'organisaient mieux, les approvisionnements avaient retrouvé un rythme plus normal et ils n'étaient plus en manque des produits de base qui leur avaient fait tant défaut après l'incendie du dispensaire. Les hommes en charge de la reconstruction avaient fait des merveilles et dans deux ou trois jours, Léa retrouverait peut-être le confort d'une chambre. Cette perspective lui réjouit le cœur. Finalement, elle avait conservé des restes de son passé bourgeois… Incapable de s'habituer totalement à ces conditions spartiates qu'elle subissait depuis le séisme…

Bruno était fidèle à lui-même. Attentif, précis dans le travail, peu loquace le soir et pourtant d'une incroyable présence. Parfois, il s'approchait à ses côtés, s'asseyait à sa table, s'installait comme s'il ne s'était jamais éloigné. Sa présence la rassurait. Il était là, discret. Elle sentait dans ses gestes une certaine retenue. Il devait sentir combien elle était indécise, parce qu'il n'allait jamais trop loin. Pas un geste, à peine un sourire. « J'ai l'impression qu'il me considère comme un bouquet de fleurs fragiles. Je sens qu'il craint que, d'un coup de vent, je ne m'étiole. Se peut-il qu'il perçoive mon désarroi, cette souffrance enfouie que je repousse et cherche à masquer par une activité fébrile ? Parfois, j'aimerais qu'il me prenne dans ses bras, m'étreigne fort. Et pourtant, je sais aussi que je ne pourrais le supporter », pensait-elle. Depuis Paul, personne ne l'avait fait, mise à part, cet instant fugace où elle avait pleuré dans ses bras, le jour de son arrivée. Elle restait ambivalente.

Hier soir, elle avait surpris Bruno devant la peinture de la Nativité. Il y avait dans ses gestes, son attitude, quelque chose de particulier, de profond. Elle sentait qu'il réussissait à déposer mieux qu'elle son fardeau… Quand il s'était relevé, elle avait vu, sur son visage, une paix profonde, presque rayonnante. Comme elle aurait aimé atteindre ce calme intérieur…

*

* *

Bertrand était revenu. Il avait perdu cinq bons kilos et semblait reposé. Il était guéri. Quand Jacques le déposa au coin de la place et que Léa aperçut ses cheveux blancs, son cœur fit un bond… C'est vrai qu'elle s'était attachée à ce vieux médecin ! Ils avaient traversé ensemble tant d'histoires depuis six mois qu'il lui semblait qu'il était de sa famille, comme un vieil oncle dont elle ne pourrait plus se séparer…

C'est plus tard que Léa réalisa que son retour allait conduire au départ de Bruno. Quand ce dernier vint lui annoncer, elle ressentit comme un vide. Comme si une partie du sol s'effondrait sous mes pieds. Pourquoi restait-elle aussi sensible ?

L'ONG l'envoyait plus au nord, dans un nouveau dispensaire qu'ils venaient d'ouvrir près de la Cité Soleil. L'évocation de ce bidonville tristement célèbre par ses violences de 2007 l'inquiéta… À son visage, elle sentit aussi que son départ n'était pas non plus pour lui une bonne nouvelle. Elle chercha au fond d'elle-même, une énergie qu'elle ne trouva pas. Gagner Bertrand, perdre Bruno ! Pourquoi fallait-il que les choses soient si compliquées ?

Il était là, devant elle. Il avait déjà rassemblé ses affaires. Un taxi n'allait pas tarder à venir le prendre. Elle aurait aimé faire un geste, exprimer quelque chose. Comment transmettre l'indicible ? Elle était prisonnière de son ambivalence ! Finalement, elle se décida à tendre la main vers lui. D'un geste, elle lui caressa la joue.

– Salut Bruno ! Merci pour ta présence, arriva-t-elle à glisser, dans une voix qu'elle maintint ferme.
– Au revoir princesse ! Je reviens te voir dès que je peux !
– J'en serai ravie…

Elle se détourna. Il ne devait pas voir ses larmes. Ce serait pour lui un espoir qu'elle ne pouvait lui laisser ! Décidément, elle était toujours aussi sensible !

*

* *

Quitter Léa ! Pourquoi ? En quinze jours, il avait réussi à trouver ses marques à ses côtés. Être présent sans être trop envahissant, respecter son jardin secret, lui laisser le temps de guérir les marques du temps. Il aurait aimé rester ainsi pendant des mois, des années, jusqu'à devenir incontournable, si présent dans sa vie que quelque chose bascule, qu'elle prenne conscience du sentiment qui l'habitait et qu'il ne pouvait plus maintenant ignorer.

Ils s'étaient quittés si brusquement. Pourquoi fallait-il que la vie sépare ainsi des êtres qui, ensemble, étaient plus forts ? Qu'allait-elle devenir ? Ils étaient maintenant distants de plus de 50 kilomètres. Il n'avait pas de voiture et ses nouvelles fonctions ne permettaient pas, de toute manière, de s'échapper pour la rejoindre. Que la vie était compliquée ! Il payait le prix de ses décisions.

Ici, il y avait tout à faire. Il se sentait plus éloigné encore de toute civilisation, dans un centre fait de grandes tentes beiges qui laissaient passer le vent. Il avait réussi à s'aménager un petit coin à part et le soir, avant de s'endormir, il s'offrait une demi-heure de silence. Il avait voulu vivre au service des autres, il en était maintenant conduit à cette extrémité où l'action absorbait 95 % de son temps éveillé… Ces trente minutes volées, cette chasse gardée était ce qui le rattachait encore à lui-même.

Le bidonville abritait plus de cinq cent mille personnes, huit cents selon certaines sources, tassées entre la ville et la mer. La tâche était lourde et Bruno ne sentait pas ici la bienveillance qu'avaient réussi à générer Bertrand et Léa dans leur quartier. Si au moins Léa pouvait être là avec son sourire, son aura si particulière qui apaisait et ouvrait les portes du cœur…

Ici, son équipe était plus stressée. Il fallait dire aussi que les militaires de l'ONU y étaient mal vus et les tensions latentes. La gestion de l'eau restait un problème et l'on craignait qu'à nouveau les gangs reprennent leur racket !

*
* *

Ce matin-là, Bruno croisa Raoul. Grand haïtien, la trentaine, les cheveux courts, il était en charge de la logistique pour l'ONG. Il faisait la navette d'un centre à l'autre. Il avait toujours le sourire. Bruno décida de lui parler de Léa. Allait-il comprendre sa demande ? Il le sentait ouvert et attentif. Raoul était marié et il lui avait montré, trois jours plus tôt, une photo de sa femme et de ses cinq enfants…

– Raoul, tu connais Léa, l'assistante du docteur Bertrand ? lui demanda Bruno.
– La Française au visage d'ange ? Bien sûr !
– Nous sommes de vieux amis !
– C'est ma préférée.
– Tu l'as vue dernièrement ?
– Oui avant-hier, je leur ai livré un stock d'antibiotiques…
– Comment va-t-elle ?
– Elle a un petit air triste depuis quelques jours. Je ne sais pas pourquoi. Pourtant, elle fait une superbe équipe avec le Dr Bertrand et son dispensaire est l'un des mieux cotés !
– Si tu la revois. Envoie-lui mon amitié !
– Je n'y manquerai pas !

Raoul repartait dans son tap-tap… Bruno le suivit du regard : son petit engin bondissait sur la route au gré des ornières. Un lien avec Léa était-il possible, à travers lui ? S'il avait un peu de temps, ce soir, il écrirait une lettre à Léa et lui confierait à son prochain passage. Il pourrait leur servir de courrier. Bruno espéra que Raoul joue le jeu. Dans un monde normal, la poste, un portable aurait réglé le problème ! Ici, il lui fallait un porteur !

*
* *

« Léa, j'espère que tu vas bien. Ici, je commence à prendre mes marques. Le camp est moins organisé et les patients plus réticents. Ne viennent que ceux pour qui les « pratiques

locales » ne donnent rien. J'espère que nos « réussites » feront boule de neige et que l'on pourra être utile. Je suis effaré par leurs conditions de vie, la saleté qui règne dans ce bidonville. Les traces de la guerre des gangs restent vives et les gens ne sont pas heureux. Je regrette le temps passé à tes côtés. Était-ce votre ancienneté dans ce lieu ? Votre façon de faire, ou autre chose ? Je t'embrasse. Porte-toi bien. Bruno ».

Cela fait cinq jours qu'il avait la lettre sur son cœur. Pas de nouvelles de Raoul. Pourtant, il était trop occupé pour surveiller la route. Le simple fait de savoir que sa lettre était prête lui donnait du baume au cœur. Il avait mis du temps à l'écrire, cherchant à ne pas laisser trop de choses transpirer entre les lignes. Cela faisait maintenant quinze jours qu'il était ici. Ce matin, une jeune femme était revenue avec son fils. C'était la troisième fois qu'elle pointait son nez au dispensaire. Le gamin souffrait de diarrhées violentes. Il avait l'air d'aller mieux. Il avait pris du poids. Ce qui toucha Bruno, c'est qu'elle amenait avec elle une voisine. Ils étaient sur la bonne pente !

*

* *

La routine avait repris. D'un certain côté, elle était contente d'avoir Bertrand à ses côtés. Ils avaient mis au point une bonne répartition des tâches. Ils étaient efficaces et complémentaires. Pourtant, quelque chose avait changé depuis l'interruption causée par son absence et le remplacement assuré par Bruno. Elle avait découvert une autre façon de faire. Un quelque chose qu'au départ elle avait du mal à caractériser et qui maintenant se précisait. Bertrand est un professionnel, mais il avait pris de la distance. Il restait blindé. Il était excellent dans ce qu'il faisait, pourtant rien ne l'émouvait plus. Il agissait, mais l'on ne sentait pas l'âme.

Bruno avait, quant à lui, une fraîcheur que Bertrand avait dû perdre. Était-ce aussi cette intériorité profonde qui l'habitait et surajoutait à son savoir-faire un supplément d'âme, la perception qu'au-delà du corps malade, il soignait autre chose. C'était peut-être cela, en effet : Bruno voyait dans chaque patient un homme à part entière ! Il restait professionnel et pourtant, à chaque fois, par un geste, un regard, un mot, il visait autre chose, l'être. Plus elle distinguait cela, plus son départ lui était finalement douloureux.

Cet après-midi, Raoul le logisticien passa. Raoul eut un grand sourire quand il aperçut Léa. En général, il ne s'attardait pas. Pourtant cette fois, elle vit qu'il souhaitait lui parler. Il la prit à part et lui dit : « Bruno m'a chargé de te transmettre son amitié ». C'était court et tout simple. Comme elle ne s'y attendait pas, elle rougit. Elle espéra que Raoul n'avait pas remarqué. Elle lui glissa de transmettre son amitié en retour. Puis soudain, elle pensa à quelque chose. Elle espéra que Bruno allait comprendre le message. Elle courut dans sa chambre et prit une petite carte où était représentée la Nativité de Honthorst. Maintenant qu'elle avait une reproduction en taille réelle, elle n'en avait plus besoin. Raoul la regarda attentivement, sourit, puis la plaça dans son portefeuille, là où il rangeait la photo de sa femme. Léa espéra qu'elle arriverait à bon port.

*

*   *

Depuis, elle imaginait Bruno méditant sur cette carte. Elle se souvenait encore de son visage, le dernier soir avant son départ. Elle espérait que ce petit signe d'amitié lui permettrait de tenir le coup. Si elle n'avait pas déjà dérangé sa famille pour obtenir l'affiche qui ornait l'église, elle en aurait demandé une autre. Mais sa mère s'inquiéterait. Et elle ne voulait pas la mêler à cela.

*

*   *

En repensant à son geste de la veille, Léa frissonna. Est-ce que Bruno était en train de prendre en elle une place qu'elle croyait vide à jamais ? Était-il possible d'effacer le passé, ses souvenirs douloureux et de se laisser habiter par d'autres sentiments. Elle sentait qu'une autre danse était possible. Il lui fallait du temps. Rien que l'évocation du mot était pour elle source de souffrance. Paul ne pouvait s'effacer ! Il ne pourrait pas disparaître ! Il était possible, pourtant, qu'au fond de *la vallée des larmes*, autre chose vienne couvrir la plaie laissée béante. Peut-être n'était-ce que le besoin d'une amitié, d'une présence. Peut-être qu'il s'agissait d'autre chose. Il fallait laisser le temps au temps.

*

*   *

Trois semaines étaient passées. Léa n'avait pas revu Raoul et avait oublié jusqu'aux traits de son visage quand elle le vit revenir, avec, à nouveau, un petit sourire en coin. Et tout d'un coup, le cœur de Léa se remit à battre. Avait-il pu transmettre son image ? Y avait-il une réponse, quelque chose ? Elle était troublée de nouveau, rougissante même. Un émoi qu'elle ne croyait plus possible. C'était le travail du temps, la distance peut-être qui avaient créé, en elle, ce petit rien, ce nouveau possible…

Raoul lui tendit dans la main un petit papier blanc, plié. Une lettre ? Elle se ressaisit, feignit l'indifférence. Pourtant, elle sentait en elle un frémissement, une excitation qu'elle n'avait pas ressentie depuis longtemps…

Elle prit le papier, le parcourut. Il fallait répondre. Avait-elle le temps ? Raoul déballait les colis. Il chercha un papier, quelque chose. Elle ne pouvait pas le laisser repartir sans une lettre ! Elle laissa en plan ses patients, à la recherche d'un stylo, d'un bout de carton…

« *Bruno,… Merci pour ton mot. Je ne m'y attendais pas. Je t'écrirai plus longuement la prochaine fois. Je t'embrasse. Léa…* »

Elle aurait voulu avoir plus de temps… Raoul était là pourtant, déjà prêt à s'enfuir ailleurs. Il plia le petit carton et le plaça, encore une fois sur son cœur. Il avait un grand sourire. Cette tâche inhabituelle n'avait pas l'air de lui déplaire !

Léa le regarda partir et tout d'un coup le remords lui vint. Elle aurait pu écrire plus de choses, évoquer des souvenirs. Etait-elle bête ? Combien de jours avant d'avoir une réponse ? Dix ? Quinze ? À ce rythme-là, ils n'iraient pas très loin ! Et pourtant cette tension, ce possible lui redonnaient de l'entrain, un sourire. Quelque chose l'habitait à nouveau. Un rien et pourtant un possible.

*

* *

Depuis que Raoul lui avait apporté cette image, il reprenait vie. Il la contemplait chaque soir avant de se glisser dans son lit de camp. Il n'y a pas que cette photo lumineuse qui l'enchantait. C'était aussi ce qu'elle signifiait. Était-il en train de fabuler ? Le fait qu'elle lui ait confié cette carte n'avait peut-être pas tout le sens qu'il voulait y trouver. Il n'ignorait pas qu'elle avait, dans l'église, une version plus grande. Ce n'était donc pas pour elle une perte majeure. Mais il l'interprétait, tout de même, comme une manière de partager, avec lui, quelque chose de profond, d'intérieur. Était-ce le fait que c'était devant cette peinture que leurs chemins s'étaient croisés à nouveau ? Était-ce parce qu'elle leur permettait de se rejoindre sur quelque chose qu'ils partageaient tout particulièrement ? En creusant l'océan des possibles, il ne cessait de trouver à ce geste d'autres signes. Hier soir, une autre facette lui avait sauté aux yeux. Il y avait, dans les traits de la jeune femme représentée, un petit peu de Léa. Les mêmes sourcils épais, la même blancheur et ce visage d'ange. Il appela cela « la tentation de saint Antoine ». Voilà qu'en lieu et place de la Vierge qu'Honthorst avait peinte avec délicatesse, il voyait le visage de celle qu'il aimait ! Certes, Léa n'était pas « disponible ». Il savait qu'elle était encore rongée par le souvenir de la mort de Paul. Il lui fallait juste respecter chez elle son propre chemin, prendre le temps, laisser naître en elle un désir.

*

* *

Depuis trois jours, un jeune médecin avait rejoint son équipe. Il lui arrivait d'avoir un peu de temps libre. Et cette oisiveté nouvelle lui donna une tentation. Et s'il faisait une petite visite au sud de la capitale ? Peut-être que si Raoul passait dans les deux ou trois jours, il profiterait de sa venue pour rejoindre le centre-ville et attraper un taxi jusque chez Léa. Après tout, il n'était pas enchaîné ici. Il était arrivé ici de son plein gré. Son travail commençait à porter quelques fruits. Il se sentait en droit de faire une pause. Même s'il n'y avait pas de quoi chômer, il ne pensait pas qu'une journée d'absence nuirait à sa tâche.

*
* *

Léa avait griffonné l'esquisse d'une lettre à Bruno. Mais elle n'était pas contente du résultat. La distance ne facilitait pas les choses et elle n'était pas encore certaine de ses sentiments. Il y avait encore en elle une certaine ambivalence. Pourtant, elle sentait qu'il prenait progressivement une place croissante dans son cœur. Un petit rien, un frémissement, un battement d'ailes qui soulevait en elle un frisson nouveau.

Hier soir, elle était retournée sur la tombe d'André-Georges. Elle avait été moins émue que lors des dernières visites, signe que là aussi s'érodait le poids du passé. De même, quand elle apercevait au loin la plage, elle n'évoquait plus en elle le souvenir des Landes, de cette plage tragique où Paul avait perdu la vie.

Elle croyait que ce que Bruno avait fait naître en elle venait effacer progressivement le poids de la souffrance. Cela générait un espoir, le frémissement d'une vie qui était en train de renaître, comme ces fleurs de printemps qui surgissent de nulle part et redonnent goût à la vie. Dans deux mois, elle aurait fini son contrat ici. Elle prendrait peut-être un peu de repos avant de retourner en France. Depuis qu'une brise légère avait soulevé en elle l'esquisse d'un autre amour, ce qui comptait beaucoup pour elle, cet engagement de départ, ce qui l'avait poussé à venir ici perdait son acuité…

*
* *

Elle se surprit à guetter l'arrivée de Raoul. Maintenant, elle en était certaine, si Bruno était plus explicite, s'il y avait en lui ce qu'elle ressentait en elle…

*
* *

Elle attendait Raoul et voici qu'elle vit Bruno. Il était arrivé sans crier gare. Quand il ouvrit ses bras, elle courut à sa rencontre…

CHAPITRE 2

I

La journée était passée comme un éclair. Léa avait négocié avec Bertrand le droit de faire une pause, en échange d'un coup de main de Bruno en fin d'après-midi pour boucler les urgences. Ils étaient partis, main dans la main, vers les hauteurs, fuyant la foule et les regards indiscrets.

Leur escapade avait été de courte durée. Vers 16 heures, ils avaient repris le chemin du dispensaire. Les soins n'avaient pas été longs, heureusement, et les deux amoureux avaient pu prendre le temps de se retrouver pour dîner sur une petite place, un peu en retrait de l'église. Ils étaient assis face à face, grignotant un plat local. Ils avaient tant de choses à se dire…

– J'ai fini mon contrat dans trois semaines, annonça Léa…
– Je me suis engagé pour cinq mois. Il m'en reste deux à faire, précisa Bruno.
– Je peux prolonger de quelques semaines. Cela m'étonnerait qu'ils refusent ma requête.
– Et après…
– La France, interrogea Léa ?
– J'ai encore du mal à me voir rentrer. Quand j'en suis parti, je n'avais pas cet objectif.
– Moi non plus, avoua Léa…
– Il faut peut-être faire reposer tout cela.

Bruno lui prit la main et plongea son regard dans ses yeux. Il sourit tout en essayant de deviner les pensées de la jeune femme.

Depuis le début de l'après-midi, Léa n'avait cessé de s'interroger. Tout se mêlait en elle. Il était trop tôt pour partager cela avec Bruno. Elle avait encore besoin de temps.

L'heure passait. Bruno regarda sa montre. Il avait promis d'être à l'aube au dispensaire. Ils se levèrent. Bruno paya le repas et ils se dirigèrent vers la place, où il aurait peut-être plus de chance de trouver un transport. Il aurait aimé rester plus longtemps, « refaire le monde » jusqu'à l'aube aux côtés de Léa. Ce n'était pas raisonnable. Les deux amoureux se serrèrent tendrement :

– Reviens-moi vite ! glissa Léa.
– Je te promets de faire mon possible.

Elle posa sur sa joue un petit baiser alors qu'il hélait un Tap-Tap. Il grimpa à bord en lui faisant un signe de la main. Elle resta longtemps à contempler la route après que le pick-up eut disparu. Puis elle fit demi-tour et regagna sa chambre. Elle se coucha sur son lit, regardant le plafond légèrement coloré par le reflet des étoiles. La voute céleste avait ce soir une lueur particulière. Elle n'avait jamais pris le temps d'en goûter la beauté. Aujourd'hui, le monde avait pour elle une autre couleur.

Au réveil, la vie du dispensaire apporta une distraction à ses états d'âme. Elle vit que Bertrand l'observait du coin de l'œil avec un petit sourire.

– Qu'y a-t-il ? demanda-t-elle.
– L'amour donne des ailes. Je ne t'ai jamais vue si active, répondit le vieux médecin…

Elle sourit. Il avait en partie raison. Au-delà de l'inconfort de son travail, elle se sentait portée par une force nouvelle, un bien-être intérieur qui l'irradiait.

Deux jours étaient passés. Elle n'avait aucune nouvelle de Bruno. La routine avait repris le dessus. Si l'on pouvait appeler ainsi la tâche éreintante qui l'occupait au dispensaire.

De son côté, Bruno avait rejoint la Cité Soleil. Son absence n'avait pas trop pesé à l'équipe, mais il sentit qu'il ne pourrait pas s'échapper souvent. La joie nouvelle qui l'habitait depuis que Léa avait manifesté son attachement pour lui avait profondément bouleversé son univers. Il perdait pied. Était-il encore le jouet de ces sautes d'humeur qui l'avaient fait quitter

Paris pour le Wadi Kelt puis pour Haïti. Que penser de tout cela ? À la différence de Léa, il n'avait jamais pris le temps de discerner, de s'arrêter. Il restait un fonceur. D'un certain côté, sa psychologie masculine était plus basique. Il avait un nouvel objectif : Léa. Rien ne l'arrêterait tant qu'il ne l'aurait pas conquise entièrement.

Depuis des années, il s'était cru une vocation de célibataire, incapable de trouver dans l'univers féminin, qu'il trouvait souvent frivole et inintéressant, le moindre attrait. Était-ce de l'orgueil, une soif d'absolu ? Il ne pouvait ni ne voulait analyser la chose. Cependant, le contexte actuel était nouveau. Léa ! Il se sentait pris de vertige par l'élan émotionnel qui l'envoûtait, le faisait prisonnier d'un rêve. Un rêve et un réel.

Le premier soir, il avait tenté de rédiger une longue lettre à Léa. Pourtant, il n'avait pas trouvé le ton. Il avait déchiré une bonne vingtaine d'essais avant de s'effondrer de sommeil sur une page blanche. Tout ce qu'il avait envie d'écrire se résumait en fait à trois mots… « Sans toi, je ne suis rien… » Mais c'était indicible. Une capitulation.

II

Bruno avait fini son contrat moral. Les cinq mois passés dans le dispensaire étaient terminés. Léa l'avait rejoint la dernière semaine. Ils avaient passé quelques jours côte à côte, Léa aidant aux soins. Sa présence à ses côtés avait renforcé son bonheur. Il sentait qu'à deux, le monde rayonnait d'une lueur particulière. Il puisait dans son sourire la force d'agir, de soutenir.

Le dernier soir, il y avait une petite fête organisée par l'équipe pour fêter leur départ. Philippe, un nouveau médecin était arrivé la veille. Ils étaient cinq autour d'une table à la lumière d'un feu de camp. La bonne humeur, aidée par une bonne bière, était de mise. Après le dîner, Bruno conduisit Léa, par un petit sentier jusqu'au bord de la mer. Le doux ressac des vagues donnait à ce coin perdu un petit côté romantique qu'il n'avait pas le jour. Un petit instant hors du temps…

C'est Léa qui parla la première :

- En vous voyant tous ce soir, je prends conscience que j'ai quitté Bertrand trop vite. J'aimerais bien passer l'embrasser avant notre départ.
- Si l'on se réveille tôt, on devrait pouvoir y passer avant le vol de 15 heures.
- Tu sais, j'ai du mal à partir, ajouta Léa. J'ai l'impression de quitter un navire en perdition.
- Oui, moi aussi. C'est vrai que nous avions pris des engagements dans le temps, mais ce soir, à la veille du départ, je trouve que ce ne sont que des mots. Partir me semble fuir.
- Qu'est-ce qui nous attend en France ? renchérit Léa. Ici, je me sens utile. Je n'ai pas envie de me retrouver à nouveau dans un confort futile. J'ai peur de m'embourgeoiser…
- Je vois qu'on est en phase.

Ils se turent un instant. Le vent avait forci. En mer, quelques moutons blancs reflétaient la lumière de la lune. Léa posa sa tête dans le creux de l'épaule de Bruno. Elle était bien…

- Pour demain, on n'a pas le choix, dit-elle. Les billets sont pris, payés par l'ONG. On n'est pas pour autant forcés de rester en France. On avisera sur place !
- Top là ! De toute façon, tu as besoin de reprendre des forces. Tu as dû perdre dix kilos depuis le jour où je t'ai rencontrée au mariage de ma sœur.
- Tu as raison. Je suis sur les genoux.

Le lendemain, quand ils arrivèrent sur la place, Léa eut une montée d'émotion. Quand elle les avait quittés, la semaine précédente, la joie de voir Bruno avait masqué l'enjeu de son départ. En revoyant les visages, dans le regard de Martha, de Jacques, de Bertrand, leurs sourires et derrière cette façade leurs propres sentiments, à fleur de peau, elle perçut combien ils étaient devenus un peu sa famille. Le fait de les abandonner renforçait encore les doutes et les remords qu'elle avait partagés avec Bruno la veille.

Son départ, qu'elle avait voulu discret, avait été perçu douloureusement par le quartier. La nouvelle de son retour s'était répandue comme une trainée de poudre. Tous les habitués du dispensaire s'étaient visiblement lamentés de son absence. Son passage, même éclair, semblait soulever les foules. Au bout d'une heure, une marée humaine s'était assemblée sur la place. Elle aperçut tous ces visages connus, ceux qu'elle avait soignés, redressés, réconfortés et qui venaient témoigner des grâces reçues. Alors elle s'effondra. Ne cachant plus ses larmes, elle prit le temps de les serrer chacun dans ses bras. Il y avait parmi eux la mère d'André-Georges. Son sourire édenté rayonnait d'une joie profonde. Elle ne cessait de répéter en créole, une phrase que Léa ne comprenait pas, mais qui semblait venir du fond du cœur. À ses côtés la petite Serena semblait radieuse. Elle avait maintenant un visage plus joufflu, elle trottait d'un petit pas menu. Elle s'accrocha au bras de Léa, comme si elles s'étaient quittées la veille.

Après avoir embrassé chacun, refusé, non sans mal, une partie des cadeaux qu'on lui offrait, sous prétexte qu'elle n'avait plus de place dans sa valise, elle réussit à se diriger vers Bertrand qui l'observait avec un grand sourire. Il la prit dans ses bras avec force et affection. Dans cette étreinte brève, elle ressentit tout ce qu'il n'osait dire. Elle réprima à nouveau les larmes qui revenaient et lui glissa un « prends soin de toi ». Elle n'osait pas dire un « je reviendrai » de peur de laisser planer un espoir qu'elle ne pourrait honorer. Pourtant, elle le sentait, elle ne pouvait partir pour toujours.

Alors que Bruno tentait de la ramener à la raison, inquiet de l'heure qui avançait, elle vit arriver Raoul dans son Tap-Tap. À grands coups de klaxon, il essayait de se frayer un passage dans la cohue. Ils grimpèrent tous les deux à l'arrière et s'éloignèrent, suivis par une foule en liesse. Lorsque le pickup sortit de la place, elle entendit encore longtemps la clameur de tous ceux qui tentaient de manifester leur affection. Bientôt, le petit clocher rouge disparut derrière les branches de la palmeraie. Lorsque Raoul s'arrêta à un croisement, les deux amoureux décidèrent de le rejoindre dans la cabine. Il était très volubile ce matin-là.

– Je savais bien que ça finirait comme cela entre vous…
– Merci Raoul, lui dit Bruno. Sans toi…
– De rien, vieux frère ! Pour Léa, j'aurais fait n'importe quoi. Euh ! Faudrait pas dire cela à ma Simone, mais bon, tu me comprends…

Léa rougit. Bruno éclata de rire.

– Oui, je te comprends.
– Comment elle va, ta Simone ?

– En pleine forme ! J'ai hâte de la retrouver ce soir.

– Je préfère, glissa Léa en souriant.

Ils éclatèrent de rire. La route vers l'aéroport était encombrée. Il y avait toujours autant de difficultés à circuler depuis le tremblement de terre. Le pays restait en friche, comme dévasté, déchiré par une blessure qui serait longue à guérir. Ils traversèrent des quartiers qu'ils connaissaient moins. Partout des ruines, des campements de fortune. Les deux amants se turent devant le spectacle. Léa prit la main de Bruno et la serra. Il lui rendit son geste. Au loin, ils aperçurent les baraquements de l'aéroport, la silhouette des avions sur le tarmac. Le départ était imminent.

Raoul les déposa devant le hall d'embarquement. Il n'avait pas le temps de rester. Il avait détourné son programme de livraison pour eux. Il descendit un instant de son pickup, les serra chacun dans ses grands bras noirs et musclés puis disparut au volant de son engin.

Le hall était impersonnel. Ils ne connaissaient personne dans cette foule bigarrée. Après avoir enregistré leurs bagages, ils s'assirent sur un banc, attendant l'embarquement. Le monde froid et sans âme les envahit progressivement. Ils quittaient la chaleur d'un peuple qu'ils n'étaient pas prêts d'oublier. Assis côte à côte, ils restèrent silencieux, la main dans la main, contemplant l'horizon, chacun dans ses pensées. Bruno n'avait pas revu l'aéroport depuis son arrivée d'Israël. Il balaya d'une traite tous les souvenirs de ces cinq mois hors du monde. Depuis son arrivée, il avait plongé dans un univers insoupçonné. Il ne regrettait pas un instant cette immersion profonde dans la misère de ce peuple. Il revit les visages, les souffrances, les cris entendus. Il confia tout cela au Bon Dieu. Cela dépassait ses propres forces. Il n'avait été, l'espace d'un instant, qu'un petit instrument.

Léa était dans des pensées voisines. Elle faisait défiler, à sa manière, tous les noms qu'elle confiait chaque soir au Bon Dieu. La liste était longue. Quand elle arriva à André-Georges, elle eut une pensée particulière. Il était mort pour lui donner encore la vie. Elle portait cette lourde responsabilité d'être le dernier don d'un homme, le résultat d'une grâce particulière. Derrière le geste fou de celui qui l'avait sauvée des flammes, se cachait là encore, la trace de l'invisible tendresse du Bon Dieu.

Un haut-parleur appela les voyageurs. Ils se dirigèrent en silence vers l'avion. Léa, assise contre un hublot, vit bientôt apparaître l'île dévastée sous ses yeux. Elle sentit le souffle chaud de Bruno sur son visage. Il regardait, lui aussi, l'île s'éloigner à l'horizon. Ils restèrent en silence. Un autre monde les attendait.

En arrivant en France, ils mirent du temps à retrouver leurs marques. Le monde feutré de Charles de Gaulle, ses escaliers roulants, ses boutiques soignées, sa foule pressée leur semblaient étranges. Ils ne se sentaient pas chez eux. Ils se rendirent compte que l'un et l'autre n'avaient pas prévenu leurs familles de l'existence de leur relation. Comment allaient-ils annoncer la nouvelle ? Cela s'était passé si vite, dans une autre terre, dans un autre contexte. Bien sûr, ils se faisaient une joie de partager cela avec leurs proches ! Pourtant, même leurs frères et sœurs leur semblaient d'un autre monde. Leur cœur était encore à Haïti ! Quand ils virent les deux familles côte à côte dans le hall d'arrivée, les deux amoureux eurent un petit sourire complice. De fait, ils se connaissaient et la concomitance de leur arrivée n'avait pas dû passer inaperçue. Léa avait prévenu sa famille d'un délai sans en préciser les raisons. Pourtant, instinctivement, ils ne dirent rien et laissèrent les deux familles perplexes. Ils se quittèrent avec un clin d'œil que seule la mère de Léa sembla percevoir. Le père de Bruno n'était pas venu. Sa petite sœur n'avait d'yeux que pour lui. Le soir pourtant, il fallut annoncer la nouvelle. Réunie autour de la table, la famille de Léa sembla ravie. Un peu trop au goût de Léa. Le soupir que la mère de Léa lâcha, bien malgré elle, énerva Léa. Elle savait que sa mère n'avait pas accueilli avec beaucoup d'enthousiasme son désir de partir pour une ONG. Pourtant, la jeune fille prit sur elle. Elle ne voulait pas juger sa mère. L'enjeu n'était pas là. Il lui fallait avancer dans la construction d'un autre chemin…

En se couchant dans son lit de jeune fille, Léa eut du mal à s'endormir. Il y avait le décalage horaire, mais pas que lui. Sa présence dans cette chambre était comme une régression. Elle repensait aux semaines passées là, après la mort de Paul, où elle était restée longtemps prostrée. Il était loin maintenant, mais le malaise n'avait pas disparu. Seule la pensée de Bruno éveillait en elle une lueur de joie.

Ses pensées partirent vers Bertrand, Jacques et Martha, Raoul et tous les autres, sa famille d'adoption. Elle ne pourrait oublier leur visage. Elle se redressa et ouvrit sa valise, sortit un à un les souvenirs, les cadeaux, les quelques photos ramenées de là-bas et commença à les disposer dans sa chambre. Tous les bibelots de son enfance n'avaient plus de place dans son nouveau monde intérieur. Elle décrocha les cadres, élimina toutes les vieilles babioles accumulées. En une demi-heure, sa chambre prit soudain un air exotique.

Elle finit par sombrer dans le sommeil. Elle dormit douze heures d'affilée…

De son côté, Bruno s'était moins ouvert sur ce qu'il avait vécu. Peu habitué à révéler en famille ses secrets intimes, il se contenta d'annoncer au dessert qu'il allait se marier. C'était bien sûr un résumé. Cela laissa ses parents sans voix. Sur ce, il les laissa méditer la nouvelle et partit se coucher. Il s'endormit d'une traite…

III

Deux mois plus tard, Léa n'avait pas réussi à reprendre le dessus. Elle s'était enfoncée dans une sorte de dépression qu'elle ne pouvait caractériser. Elle portait en elle, une sorte de malaise intérieur, dont elle ne trouvait pas la provenance, mais qui minait son énergie, sa joie. Quand elle était avec Bruno, sa bonne humeur et la complicité qui s'établissait avec lui masquaient ce mal intérieur. Pourtant, dès qu'ils se quittaient, elle retombait dans une sorte de léthargie et de mal-être. Plusieurs éléments pouvaient expliquer cela. La rupture brutale avec son activisme haïtien, le dépaysement total, la fatigue accumulée qui se manifestait maintenant qu'elle se donnait le droit d'y être attentive. Elle sombrait dans un mutisme surprenant, qui rappelait à sa mère les semaines qui avaient suivi la mort de Paul. Cette dernière s'inquiétait de la voir ainsi, allant jusqu'à se demander si sa relation avec Bruno était fragile. Pourtant le mal était ailleurs. Peut-être que le deuil de Paul n'était pas réellement à son terme. Comment pouvait-il l'être ? À des milliers de kilomètres de la France, dans un autre monde, un autre contexte, Paul avait perdu sa place au profit de l'activité débordante de la jeune femme. À Paris, les souvenirs revenaient. Elle ne pouvait entendre passer un avion, croiser une petite voiture rouge, sans ressentir à nouveau la brûlure de l'absence.

Bruno percevait cela entre les lignes, sans pour autant saisir l'ampleur du problème. Il lui laissait tout passer. Sa joie était dans le présent.

Elle n'avait plus la force, la fougue nécessaire. Est-ce que le pessimisme ambiant la rongeait, lui enlevait la force d'avancer ?

Elle avait eu des nouvelles de Bertrand. Une petite lettre courte, qui ne réclamait rien, mais qui disait l'essentiel. Il pensait à elle. Il était débordé, comme toujours. Il avait reçu de l'ONG un assistant efficace et continuait sa tâche avec persévérance. Sa lettre la laissa songeuse. Elle avait suivi dans la presse les nouvelles de l'île, avait appris l'épidémie de choléra. Elle imaginait le chaos, les peurs qui allaient se réveiller, l'insuffisance des moyens. Elle aurait aimé être là-bas. Pourtant, elle savait qu'elle ne pourrait pas y retourner de si tôt. Les préparatifs de son mariage la distrayaient un peu, mais elle était ailleurs, entre deux chaises, déchirée…

Elle mit du temps à se reprendre. Pourtant, il fallait qu'elle cesse de regretter le passé, l'ailleurs et qu'elle se concentre sur cette relation à construire. Quand elle avait perçu la place de Bruno dans sa vie, quand elle avait souhaité le revoir, quelque chose s'était révélé à elle, elle avait trouvé une faille, une espérance. Elle devait se concentrer sur cette voie, celle de l'aujourd'hui.

*

*   *

De son côté, Bruno avait retrouvé un poste à l'hôpital. Même s'il avait quitté l'administration en jurant de ne plus y remettre les pieds, il avait considéré que, tant que Léa ne s'était pas rétablie, il n'avait pas le choix. Il n'avait aucune reconnaissance pour cette administration qui pourtant l'avait nourri après son départ de la Marine.

D'une certaine manière, son échappée de plus d'un an, lui donnait, par ailleurs, une distance par rapport à son travail. Il supportait mieux les limites de l'organisation, les insuffisances techniques et humaines l'énervaient moins, depuis qu'il avait connu le dénuement d'un dispensaire loin de toute infrastructure digne de ce nom. Son attention restait portée sur le malade, son accueil, sa capacité à le guérir, non seulement de son mal, mais aussi de son mal-être, de transformer son désespoir en quelque chose de différent, la prise de conscience qu'il était entouré, compris, secondé, aimé, à défaut parfois de pouvoir être guéri. Sa vocation de médecin se portait vers la réhabilitation de l'homme face au mal. Une tâche immense et délicate.

Il y avait des nouveaux arrivés dans le service. Parmi eux, il remarqua assez vite Annette, une jeune interne dont le sourire donnait aux malades qu'elle visitait une lueur d'espérance. Instinctivement, il se surprit à aimer faire les visites avec elle, parler dans les couloirs des malades, trouver des points d'amélioration au service. La complicité qui s'établit entre eux noua subrepticement, sans qu'il en prenne conscience, des liens invisibles.

Annette n'était pas jolie. Un peu boulotte, elle n'avait pas de charme. Seule, sa passion pour son métier la distinguait des autres. Son sourire, marqué par une dentition mal répartie, avait un rayonnement particulier. Au-delà de la gêne qu'il éprouvait au départ pour elle, il se rendit compte, qu'il aspirait à travailler à ses côtés, qu'il ne désirait rien d'autre que la croiser dans les couloirs, se retrouver en garde avec elle, passer les brefs temps de détente à partager, à l'écouter. Il restait ce vieux solitaire qui avait fui à l'étranger. Et pourtant, il aimait l'entendre, il aimait sa présence. Cette dépendance s'était installée peu à peu. Depuis ces deux premiers mois passés en France, il avait ainsi repris goût à son travail.

Bruno n'avait pas parlé d'Annette à Léa. D'abord parce que les sautes d'humeur de cette dernière le préoccupaient et qu'il ne voulait pas en rajouter. Peut-être aussi parce que son attachement à la jeune interne s'était fait progressivement. Il lui avait fallu un certain temps avant de se rendre compte que d'une simple affinité était née une dépendance. Quand il finit par en percevoir l'importance, il se trouva écartelé entre le désir d'une certaine transparence et l'impact que cette révélation aurait sur Léa. Elle était trop fragile pour cela. De plus, il se sentait responsable de leur histoire, de la séduction qui avait conduit la jeune femme à s'écarter de son désir de tout donner à cette ONG. Comment lui expliquer qu'il ne se sentait plus à la hauteur, qu'il était maintenant partagé entre deux sentiments contradictoires, deux désirs ?

S'il n'avait pas senti le danger venir, c'est probablement parce que son attirance n'était pas physique, mais intellectuelle. C'était là ce qui l'avait perdu…

V

Les préparatifs du mariage captèrent toute l'attention de Léa. Elle y mit toute son énergie. Cela l'aida à relativiser la crise qu'elle avait connue depuis son retour d'Haïti. Bien sûr, la présence constante de sa mère et de sa future belle-mère n'était pas sans créer des tensions. Plus le grand jour se rapprochait, plus l'atmosphère était tendue chez Léa. Sa mère ne lâchait rien sur l'organisation du mariage, le décorum…

Quelques années plus tôt, Léa aurait probablement suivi sagement sa mère sur cette voie, mais depuis qu'elle était revenue d'Haïti, elle avait pris une certaine distance sur les choses, relativisé l'extérieur au profit de l'essentiel. Bruno, quant à lui, prenait les choses encore plus à la légère. Il n'essayait même pas d'arbitrer entre sa mère et celle de Léa et se contentait d'approuver l'une et l'autre sans même se rendre compte qu'elles se contredisaient.

Un soir, alors que ces tensions culminaient, Bruno, toujours prêt à déclamer des grands principes, sortit le grand jeu :

- Tu te souviens des premières phrases de la Bible : « L'homme quittera son père et sa mère et s'attachera à sa femme », déclara-t-il, sur un ton doctrinal.
- Explique cela à ma mère, lui répondit Léa du tac au tac…
- Oui, je sais… Pourtant, il me semble qu'il y a quelque chose de vrai là-dedans. La distance permet au couple de

se construire sans l'influence de son cocon familial, en se défaisant des nœuds qui nous enserrent à ceux qui nous ont engendrés.

– Oui papa… dit Léa en riant… Tu as le don des belles phrases, pourtant quand ton père appelle, je n'existe plus…
– Un partout, balle au centre… Je pensais à ma mère, pas à mon père. On est, de fait, dépendant de ces liens tissés…

Ils avaient eu cette discussion un jeudi soir. Pourtant, leur problème n'était pas résolu. Le samedi suivant, un incident remit le sujet sur le tapis. Lors du dépôt de leur liste de mariage dans un grand magasin parisien, Léa se révéla avoir des goûts affirmés et façonnés par des générations de Bellemanche, alors que Bruno était plus rustre dans ses origines. Quand elle chercha à l'intéresser à la vaisselle, au choix de la porcelaine, il se rebiffa et le couple eut alors une discussion houleuse :

– Mais tu vois bien que c'est fragile, inutile et hors de prix, glissait Bruno. Je me vois mal partir à l'autre bout du monde avec mes porcelaines. On dirait Meryll Streep faisant ses bagages pour le Kenya…
– Merci pour la comparaison. J'espère que tu n'agiras pas comme son mari…
– Qu'est-ce qu'il a fait ? Ah oui… Euh, pour l'instant, je n'en ai pas l'intention.
– Pourvu que ça dure…
– Remarque, maintenant que j'y pense… Elle n'était pas blanche et pure non plus…
– Ok, changeons de sujet… N'empêche que ces assiettes sont superbes, insista Léa.
– Je préférerais une chaine hifi…
– Tu veux nourrir tes amis dans des assiettes en carton ?
– Pourquoi pas !
– Arrête !
– N'empêche, on n'a pas besoin de ce luxe…
– Ce n'est même pas toi qui payes !
– Je préférerai qu'ils fassent un don à l'ONG qui nous a envoyés à Haïti !
– Bonne remarque ! Mais on est mal parti à ce train-là…

Ils continuèrent à se chamailler ainsi, pendant une bonne demi-heure, jusqu'à ce que l'estomac de Bruno hurle famine. Après le repas, il fut plus conciliant, cherchant surtout à se débarrasser au plus vite du problème.

VI

Quinze jours avant leur mariage, Bruno emmena Léa sur les bords de l'Avre. Il y avait là, près de Nonancourt, une petite maison qui appartenait à un vieil oncle. Georges, le frère de sa mère, était médecin de campagne. Il habitait une maison perdue, en haut d'une colline, avec une belle vue sur la vallée. Chasseur et pêcheur invétéré, il partait souvent quelques jours reprendre des forces et ne manquait pas de prévenir son neveu que l'antre était libre.

En sortant du jardin où ils se trouvaient, ils prirent un petit chemin qui s'enfonçait dans la forêt. Les chênes laissaient entrevoir, en contre bas, un champ de blé aux reflets d'or. Ils se laissèrent porter dans la descente jusqu'à ce que leurs pas les conduisent dans la vallée. Le sentier longeait la forêt. Ils marchèrent longtemps, goûtant au silence. Ils aperçurent, à l'orée du bois, deux chevreuils qui broutaient en silence. Bruno se rappela le matin d'un certain dimanche, où il avait surpris trois cervidés le long d'un torrent. Cette image le ravit. Il était bien.

Il repensa à ces dernières semaines. Il avait eu beaucoup de travail. Depuis quelque temps, il avait évité de croiser Annette, de s'arrêter pour discuter avec elle. Au début, cela lui avait bien sûr coûté. Mais son choix pour Léa était maintenant mieux ancré, plus profond. Certes, la joie de sa fiancée aidait à ce retournement. Il se sentait cependant plus fort, plus armé pour avancer.

Le samedi matin de la semaine qui précédait le mariage, le P. Alex, qui devait célébrer leur mariage leur avait demandé d'inviter tous les témoins pour une préparation de la célébration. Bruno présenta à Léa deux amis médecins, qu'elle ne connaissait pas. L'un d'eux, qui s'appelait Sylvain était depuis deux ans à Madagascar. Il avait fait le voyage exprès pour leur mariage. L'autre, Alexis, était chef de clinique en province. Chacun semblait ému de voir Bruno se marier.

De son côté, Léa avait convié Éléonore et Grégoire. Depuis son accident qui l'avait à moitié paralysé, ce dernier avait fait de grands progrès. Léa lui avait demandé de lire une lecture. C'était pour lui un exercice difficile, mais, avec le soutien de Kim, sa femme, il s'était beaucoup exercé.

Léa fut émue de voir ses amis autour d'elle. Elle vit Éléonore lui faire un petit clin d'œil amical. Elle l'avait rencontrée au mariage de Kim et Grégoire, le jour où elle avait aussi rencontré Paul... Depuis la mort de ce dernier, elle avait été très présente. Les deux jeunes femmes avaient tissé des liens amicaux. Qu'elle soit là à ses côtés, pour l'avenir, prenait sens.

Pour des raisons pratiques, ils célébrèrent le mariage civil dans l'après-midi de cette même journée. La famille se joignit aux témoins dans la mairie toute proche. Pour les deux amoureux ce passage à la mairie n'était, à priori qu'une formalité. Pourtant, alors qu'ils gravissaient ensemble les marches du grand escalier de marbre, ils furent soudain conscients que quelque chose se jouait là. C'était un ami du père de Léa, adjoint au maire, qui officiait. Il fit un petit discours sympathique.

XIV

L'heure du mariage était arrivée. L'église de Saint-Philippe du Roule était pleine. Bruno était entré depuis longtemps, au bras de sa mère, quand Léa apparut sur le seuil. Elle portait une robe ravissante qui mettait en valeur son visage d'ange. Elle n'avait pas laissé Bruno voir sa tenue. Il ne regrettait rien. Elle était très belle.

Beaucoup d'amis entouraient le jeune couple. En plus de leurs témoins, il y avait Olivier, le meilleur ami de Paul, dont la vue troubla Léa. Elle ne l'avait pas revu depuis la mort de ce dernier, mais sa présence était importante pour elle. Quand elle entra, elle balaya du regard les autres jeunes, réunis sur la droite, autour du chef de chœur. Elle aperçut ses amis Kim et Grégoire, qui l'avaient tant aidé. À leur côté, son filleul, le petit Paul qu'elle avait eu la joie de voir, deux semaines plus tôt, pendant un long après-midi. Du haut de ses trois ans, il devenait un vrai petit bonhomme.

Sa plus grande surprise fut de voir Bertrand et Martha, qui avaient fait le voyage depuis Haïti. Elle ne put s'empêcher d'être émue en voyant le vieux médecin qui l'avait tant accompagnée pendant son séjour dans l'île. Sa présence lui rappela le visage d'André-Georges, celui qui, en donnant sa vie pour elle, permettait qu'elle accède à cette joie nouvelle.

Cette pensée lui fit reprendre des forces. Elle se tourna vers Bruno, celui qu'elle avait choisi. Son « aujourd'hui »… Il lui souriait. Il avait les traits détendus et son regard, plongé dans le sien, lui donna la force d'avancer. Elle allait l'épouser.

Quand Grégoire lut un texte, malgré ses difficultés d'élocution, elle sentit que l'assemblée tout entière était portée par le texte… Elle en fut émue…

Pendant l'échange des consentements, en prononçant tour à tour les paroles qui scellaient leur union, Bruno et Léa furent pris d'une profonde émotion.

Bruno contempla dans les mains offertes de Léa, ce don qu'elle lui faisait d'elle-même. Il était conscient de n'être pas digne de cet immense cadeau. Elle représentait pour lui l'inaccessible rêve et demeurait émerveillée, qu'à la fin de sa quête, ils en arrivent là.

– Je te reçois Léa et je me donne à toi…

La phrase qu'il prononçait avait aussi une autre conséquence. Ce qu'il venait de dire était le début d'une mise en actes qu'il allait devoir revivre de jour en jour. Il se donnait à elle, tout entier, éperdument…

Léa, quant à elle, fut troublée, une nouvelle fois. Elle ne pouvait effacer de ses souvenirs la trace profonde du passé. Paul et André-Georges avaient déjà fait, à leur manière, le don de leur vie. Et voici que Bruno, à son tour, exprimait dans cette phrase, sa volonté de prendre la suite. Tous ces cadeaux additionnés révélaient autre chose, un don plus grand. Elle se sentait fragile, comme tenant dans ses mains une petite amphore destinée à recueillir l'eau d'un fleuve immense. Elle ne savait pas quelle en serait la profondeur. Et pourtant, elle désirait aller de l'avant, tenter à son tour de recevoir encore et de donner…

– Bruno,… Je te reçois et je me donne à toi…

Le Père Alex bénit alors leur échange. Le petit Paul s'avança, poussé par Kim. Il tenait à bout de bras, un petit coussin rouge sur lequel reposaient deux alliances. Les deux amoureux se passèrent l'anneau d'or au doigt. Léa ne put s'empêcher de verser une petite larme devant le sourire de l'enfant. Elle était heureuse. Sa joie profonde transcendait ses souvenirs douloureux. Elle devenait maintenant l'épouse de Bruno…

Ils s'embrassèrent alors que l'assemblée entonnait un chant d'allégresse… Léa se sentit portée par le chant, comme si les absents se joignaient au présent pour exprimer leur joie devant ce nouvel avenir à construire…

VII

La soirée passa comme un éclair. Bruno n'en garda, pour seul souvenir, qu'une douleur marquée de ses zygomatiques. Parmi les discours, il apprécia celui, très court, mais plein d'humour, de son oncle Georges qui, vêtu d'une blouse blanche et muni de légumes subtilisés au buffet, avait tenté de faire une auscultation de la mariée, avec beaucoup de grands gestes et d'exclamation, avant de la déclarer apte pour le service. Il fut ovationné par tous les convives.

Georges était médecin de campagne dans l'Avre. C'est lui qui leur avait prêté sa maison quelques semaines plus tôt. Les mariés l'avaient placé à côté de Bertrand. En faisant le tour des tables, Léa surprit une de leurs conversations.

Elle aurait aimé s'asseoir avec eux, parler un peu avec Bertrand, mais ce n'était ni le jour ni l'heure… Elle les laissa à leur discussion.

Léa ne les rejoignit qu'après le dessert. Elle s'assit longuement à côté de son vieil ami, pendant que Bruno discutait avec son oncle. Elle demanda des nouvelles de l'île. Son cœur se serra à l'évocation de ceux qu'elles connaissaient. Certains avaient été emportés par le choléra. D'autres résistaient, mais l'espoir tardait à revenir dans l'île. Bertrand retournait à Haïti dans dix jours après quelques examens de santé. Léa lui fit promettre de ne pas repartir sans la revoir.

Dans son dos, Léa surprit une conversation de sa mère :

– Ma fille est extraordinaire, elle a enduré des choses inouïes. Vous savez qu'elle était là-bas pendant le tremblement de terre ?
– Non, répondait gentiment une femme que Léa ne connaissait pas…

Elle se leva et s'enfuit. Elle détestait quand sa mère faisait ses louanges à des inconnus, amplifiant à dessein ses moindres faits et gestes, faisant d'elle une héroïne. Ce qui l'énervait le plus, c'était cet orgueil mondain. Elle rejoignit Bruno, qui discutait ferme avec Sylvain et Alexis, ses bons amis de médecine. L'ambiance était plus détendue. Quand elle vit qu'ils en étaient à comparer leurs expériences médicales, elle préféra rejoindre Éléonore et Kim. Elle appréciait de plus en plus leur compagnie. Éléonore en profita pour lui glisser à l'oreille :

– Je suis enceinte d'un troisième.
– Mais c'est génial, s'exclama-t-elle.

Elle l'embrassa tendrement. Comme elle avait hâte de pouvoir lui annoncer, à son tour, une nouvelle pareille. Elle se souvenait encore de son amie, enceinte de Maïa au mariage de Kim et de Grégoire. Elle rayonnait déjà d'une maternité heureuse.

Elle se tourna vers Kim.

– Et toi, où en es-tu ?
– Tu sais, avec Paul et Grégoire, j'ai deux gros bébés. Mais je ne m'en plains pas…

Elles éclatèrent de rire. Grégoire, comme à son habitude, était en grande discussion avec Marc, le mari d'Éléonore. Les deux amis ne se quittaient pas. Grégoire n'avait rien entendu. Comme il vit que les trois jeunes femmes le regardaient, il leur fit un signe amical de sa main valide, avant de se tourner à nouveau vers son ami…

À la fin du repas, Bruno vint prendre la main de Léa et la conduisit vers la piste de danse. Alors, il prit véritablement conscience que quelque chose avait changé dans sa vie. Elle était maintenant son épouse. Il serra sa main plus que de coutume et se laissa porter par la mélodie. Il avait une passion particulière pour la musique classique. Il se laissa envahir par le son des violons qui crissaient sous l'archet des joueurs dans un tempo soutenu. Il réalisa qu'une symphonie nouvelle allait se jouer. Il avait hâte d'y participer.

Ils goûtèrent encore la présence de leurs amis. Profitant d'une pause, le petit Paul prit place sur les genoux de Léa sa marraine. Il était comme aimanté par la « princesse du jour ». Bruno, en voyant la tendresse de sa femme pour le petit homme, en fut un peu jaloux. Et pourtant, il sentit intérieurement qu'elle aspirait à cette maternité. Il aurait à se faire à l'idée…

Vers cinq heures, la plupart des jeunes commençaient à déserter la piste de danse. Bruno fit signe à Léa. Il était temps pour eux aussi de s'esquiver. Il avait hâte de serrer dans ses bras la jeune femme. Quand ils furent enfin seuls, dans le silence de la chambre qui leur était réservée, il se rendit compte qu'il était épuisé. Son projet se transforma en un rêve léger qui l'emporta, lové dans les bras de Léa, dans un profond sommeil. Ils avaient l'éternité d'une vie pour goûter maintenant à la danse des corps…

Ce n'est qu'au milieu d'une matinée bien avancée, après un copieux petit déjeuner, qu'ils eurent la joie de découvrir ce qui les attendait. Après des mois d'attente, leur étreinte fut intense, mais de courte durée. Ils restèrent pourtant longtemps dans les bras l'un de l'autre, immobiles. Quelque chose de nouveau s'ouvrait encore à eux.

Quels allaient être les fruits de leur union ? Peu leur importa, ce matin-là. Ils étaient ouverts à l'avenir d'un amour qui prenait maintenant une allure nouvelle.

CHAPITRE 3

I

Après le tourbillon des noces, ils s'étaient offert un petit voyage dans le sud de la France. Ils avaient décidé qu'ils n'avaient pas besoin de voir le monde, après les mois passés à l'étranger... En effet, les douces collines verdoyantes de la campagne française avaient pour eux des attraits particuliers... Leur voyage les conduisit vers le sud-ouest. Ils parcoururent les vignes, chargées de grappes lourdes et sucrées de la Charente, avant de goûter au charme de la forêt landaise... Loin des plages, ils parcoururent les chemins sablonneux qui s'enfonçaient plus à l'est, se laissant bercer par le lent mouvement des pins sous le petit vent de mer, chargé d'iode et de sel. L'odeur de résine, le craquement des épines sous leurs sandales, la douceur des sous-bois qu'envahissaient les fougères et le genêt eurent, pour eux, un accent romantique...

C'est un soir pluvieux, alors que l'été s'effaçait au profit d'un automne plus triste, qu'ils reprirent la route de Paris. La première semaine, ils s'installèrent dans un petit appartement prêté pour trois mois par une tante de Léa. Avant de repartir, Bertrand passa leur rendre visite. Il renouvela discrètement son invitation à le rejoindre à Haïti. Il avait précisé que leur choix ne reposait qu'en leurs mains. Il y avait depuis le début du choléra un regain d'aides internationales et ils n'étaient pas indispensables, bien qu'attendus avec joie. Quelle décision allaient-ils prendre ?

Ils avaient maintenant scellé leur union, mais leur avenir restait ouvert comme un grand point d'interrogation. Ils avaient repoussé le sujet, peut-être pour rester dans le bonheur un peu magique de la fête de leur mariage.

Le lendemain, Bruno pointa à l'hôpital où il retrouva son équipe. Annette avait été mutée ailleurs. Il ne regretta pas son absence. Cela l'arrangeait. Retrouvant ses habitudes, son rythme de travail reprit de manière effrénée.

*

* *

Un soir, alors que Bruno déposait sa veste sur le porte-manteau, Léa vit à son visage que quelque chose n'allait pas.

– Mon oncle, tu sais...
– Ton oncle Georges, trancha-t-elle.
– Oui, il vient de mourir. Crise cardiaque…
– Oh…
– Oui, je n'en reviens pas. Il était en pleine forme à notre mariage.
– En effet, renchérit Léa.

Elle se souvenait encore de sa magistrale auscultation « spécial bio ». Il l'avait tant fait rire avec ses carottes…

– J'ai toujours été attaché à lui. Je crois que c'est de lui que je tiens ma « vocation » de médecin.
– Il n'a pas eu d'enfant ?
– Non… Célibataire et médecin de campagne, dévoué à ses patients plus que tout au monde…
– Comment l'as-tu su ?
– Ma mère vient de m'appeler. L'enterrement a lieu vendredi… J'ai posé ma journée…

La soirée fut morose. Léa n'osa pas parler de ses réflexions. Elle chercha à distraire Bruno, mais ce dernier était visiblement envahi par les souvenirs. Il n'écoutait qu'à moitié son doux babillage.

Le vendredi, quand ils parvinrent à l'église de Dampierre, où était célébré l'enterrement, Bruno et Léa furent frappés par la foule qui se pressait sous le porche. Les gens étaient massés sur les bas côtés, dans le chœur et dans les deux parties latérales. Et bien des gens étaient restés dehors, bravant la pluie froide pour accompagner celui qui avait été leur médecin, pendant des années.

La cérémonie fut longue avec des discours et des témoignages émouvants. Pourtant le temps passa très vite, pour Bruno comme pour Léa, tant la ferveur des gens et les visages de tous, semblaient marqués par cette présence silencieuse, au milieu de la nef. Des fermiers du coin portèrent le cercueil d'une traite de l'église au cimetière, situé à près de trois cents mètres, en contrebas, face à cette rivière qu'il avait tant aimée.

Plusieurs personnes arrêtèrent Bruno, lui confiant qu'il ressemblait, en bien des points, à son oncle… Cela renforça son désarroi.

Après la mise en terre, il tira Léa par le bras. Ils s'éloignèrent et descendirent vers l'Avre. Du fait des pluies d'automne, le niveau de la rivière était monté et le petit pont qui l'enjambait, sous le village, semblait fragile sous la masse des flots qui se pressait sous ses piles. Bruno enserra Léa dans ses bras robustes. Ils se tinrent ainsi en silence, les yeux perdus dans le courant… La jeune femme sentit que son mari pleurait à chaudes larmes. Elle ne bougea pas, communiant en silence à sa peine. La pluie fine ajoutait à la scène une note froide. Ils laissèrent leurs pensées se joindre à l'eau tumultueuse qui coulait sous leurs pieds. Sur les berges, de grands arbres se courbaient vers la rivière, dans une haie majestueuse. Les couleurs d'automne commençaient à tacher les feuilles de légères teintes jaune et rouge.

Ils restèrent ainsi une bonne demi-heure, puis Bruno fit prendre à Léa un petit chemin qui se faufilait à travers bois pour rejoindre le Plessis. Quand ils arrivèrent à la maison de l'oncle Georges, la foule se pressait sur la pelouse, malgré la pluie. La mère de Bruno fit un haussement de sourcil quand elle vit son fils arriver si tard. Elle ne releva pas. Elle savait à quel point son frère et son fils étaient attachés l'un à l'autre…

Quelques jours plus tard, Bruno apprit du notaire que le vieil homme lui cédait tous ses biens, sa maison, son cabinet… Médecin à Dampierre-sur-Avre ? L'idée ne lui était jamais venue à l'esprit. Bruno repoussa cette perspective. Il ne se sentait pas l'étoffe d'un médecin de campagne. Il était habitué à l'hôpital, son rythme incessant, ses protocoles, ses codes de fonctionnement. Certes, son passage à Haïti l'avait ouvert à autre chose. Mais il ne se sentait pas prêt.

Ils étaient maintenant mieux installés dans leur petit nid parisien. La vie de Bruno avait repris le dessus avec sa routine, ses jours de travail acharnés et les soirées avec Léa.

Le week-end suivant, les deux jeunes époux se rendirent à Dampierre, où le notaire leur remit les clés de la petite maison léguée par l'oncle. Elle méritait quelques travaux pour être habitable. Quant au cabinet, Bruno avait trouvé, pour quelques mois un remplaçant, ce qui lui permettait de différer sa décision. En descendant dans la vallée, Léa se rappela qu'elle était venue, quelques années auparavant, non loin de là, dans la maison de campagne des parents d'Éléonore, après le mariage de Kim et de Grégoire.

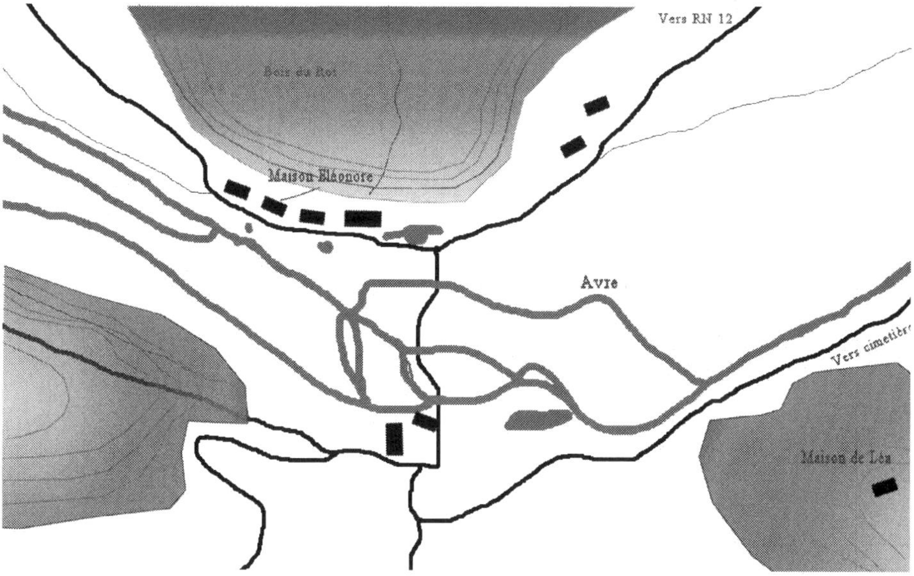

Elle n'avait pas réalisé combien les deux lieux étaient proches. Elle demanda à Bruno de faire un détour. Elle retrouva la longère, adossée à la colline et qui faisait face à la vallée de l'Avre. La maison était fermée, mais les pelouses, fraîchement tondues de l'autre côté de la route, donnaient au lieu un charme particulier.

II

En attendant, ils n'avaient toujours pas décidé. Entre Paris, Haïti ou le Plessis sur Dampierre, quelle pouvait être leur voie ?

Au bout de quelques semaines, d'un commun accord, ils prirent la décision de s'envoler à nouveau vers Haïti. Bertrand les accueillit à bras ouverts et la communauté haïtienne porta Léa en triomphe…

L'île commençait péniblement à reconstruire ce qui était tombé, mais les traces du tremblement de terre étaient présentes partout.

Léa, dès le premier soir, entraîna Bruno dans le bidonville. Elle voulait revoir la mère d'André Georges et la petite Serena. Elle apprit que toutes les deux avaient été emportées par la maladie. Cette révélation fut pour la jeune femme un nouveau choc. Comme tout cela était fragile ! Ils allèrent sur la colline où reposait André Georges. À côté de sa tombe, deux monticules de terre fraîche trahissaient la présence récente de celles qui l'accompagnaient maintenant là-haut.

– C'est là qu'il nous reste à espérer que le paradis n'est pas un vain mot, glissa Léa silencieusement.

Bruno se contenta de poser le bras sur l'épaule de sa femme. Ils retournèrent en silence vers le dispensaire.

Ils étaient heureux d'y retrouver leurs marques. En attendant une affectation définitive, ils avaient, en effet, décidé d'aider Bertrand sur place.

C'est le lendemain que Léa eut une première nausée. Instinctivement, elle pensa que c'était la nouvelle d'un heureux événement. Cependant, encore une fois, le chemin qui lui était tracé n'était pas rectiligne. Ses vomissements furent vite accompagnés d'une fièvre qui ne cessa d'augmenter. Auscultée par Bertrand, elle comprit à son visage qu'il s'agissait d'autre chose. Transportée à l'hôpital de Port-au-Prince, son affection se révéla être une maladie intestinale grave. Ce n'était pas le choléra contre lequel elle était vaccinée, mais quelque chose de plus pernicieux. Elle fut rapatriée d'urgence en France. Au total, ils ne passèrent donc que quelques jours dans l'île. Bruno ne quitta pas Léa avant qu'elle ne fut entre les mains d'un spécialiste…

Les premières semaines, elle resta alitée à l'hôpital. Son mari n'était pas loin et il vint souvent prendre ses pauses à ses côtés. Ce temps fut douloureux pour les jeunes époux. La présence à côté d'un malade est toujours délicate. Bruno dévoila là quelques-unes de ses qualités.

La convalescence de Léa fut longue. Elle fut condamnée à rester en France, au repos et de préférence au grand air. C'est ce qui poussa le couple à s'installer à Dampierre. Elle y découvrit le charme de la campagne avraise, pendant que Bruno essayait de reprendre le cabinet de son oncle. L'air frais et pur de la vallée de l'Avre lui fit du bien. Malgré un hiver rude où elle découvrit les joies des grandes flambées au coin du feu, le printemps fut pour elle comme une résurrection. Partout, dans le jardin, les perce-neige, puis les crocus, les muscaris et les narcisses jaillissaient tour à tour, soulevant la fine couche de feuilles tombées à l'automne. Cette vie nouvelle fut pour elle, un second printemps...

Elle parcourait la vallée, goûtant à la paix particulière qui envahissait les collines verdoyantes entre lesquelles coule la Meuvette, le petit ruisseau qui se jette dans l'Avre non loin de la Bouverie. Parfois, le week-end, ils rendaient visite à Marc et Éléonore, quand ils étaient de passage dans la maison qui n'était, de fait, qu'à quelques centaines de mètres du Plessis. Kim et Grégoire vinrent aussi souvent les voir et Léa eut la joie de voir grandir le petit Paul. Ce dernier était toujours fasciné par le monde animal, qui, dans la vallée, se manifestait à la lisière d'un bois par un chevreuil, un lièvre agile ou un renard fuyant. Les nombreux oiseaux qui envahissaient le jardin de Léa firent aussi sa joie.

Bruno semblait transformé par la vallée. Le matin, alors que Léa tardait souvent à se réveiller, il enfourchait son vélo et allait surprendre l'aube, sur le plateau. Sa joie était vive, quand il croisait, au coin des bois, une biche matinale, ou qu'un lapin traversait le chemin. Il communiait avec le silence et la nature, jouissait du calme de la vallée, que le brouillard couvrait souvent d'un manteau blanc. Il prenait toujours le même chemin, comme un rite établi. Il commençait par une longue traversée du plateau, qui échauffait son corps. Puis il plongeait dans la vallée, rejoignant les sources de la Meuvette, pour émerger de l'autre côté de la rivière sur les hauteurs, traverser la forêt de chênes, où les fougères cachaient des faisans peureux, qui piétaient à couvert lors de son passage. Dans cette course où il brûlait une part importante de son énergie, il évacuait les tensions de la veille, la routine des patients qu'il accueillait sans faiblir des heures durant. Non que ces rencontres fussent difficiles. Il aimait le contact, le sourire du malade qui reprend espoir, la joie de ceux qui mettaient en lui leur confiance. Mais cette énergie, il la puisait dans ces escapades sauvages, ces moments de liberté où rien n'arrêtait sa course. Instant volé, plaisir de l'effort qui vous purifie des immobilismes et des enfermements…

Après une petite heure de course qui le mettait souvent en nage, il se glissait sous une douche froide et rejoignait Léa, encore à moitié endormie sous sa couette chaude. C'était pour lui le sommet de sa course. Ses bras, d'une douceur insoupçonnée, détendaient d'un coup toute la tension accumulée par l'effort. Il ne passait parfois que deux minutes dans ce cocon douillet avant de se glisser pour de bon dans son « costume » de médecin.

Son bonheur était simple. Il quittait le Plessis pour son cabinet vers neuf heures. Léa se levait pour l'embrasser avant son départ. Fort de ce dernier soutien, il partait rayonnant et heureux… La seule ombre à ce tableau était l'humeur de Léa. Cette dernière restait changeante, fragile. Il aurait aimé pouvoir rester, la soutenir, tout en sachant qu'elle devait trouver seule sa voie. Qu'il n'était qu'un mari !

III

Un soir de mai, Bruno revint au Plessis plus tard que d'habitude. Léa s'était habituée à ces horaires erratiques. Elle trouvait suffisamment d'occupations dans le jardin pour ne pas être dépendante de sa présence. Pourtant, ce jour-là, la nuit était déjà tombée depuis longtemps et le dîner refroidissait. Il était prêt pour vingt heures. Elle n'y avait pas touché. Elle se décida vers neuf heures trente à manger sa part, puis rangea au réfrigérateur celle de Bruno. Allait-elle l'appeler ? Elle hésitait toujours, sachant bien que ses horaires ne dépendaient pas de lui, mais de la santé de ses malades.

Il arriva vers onze heures, l'air soucieux... Elle se retint de lui faire une réflexion. Elle s'était mise au lit avec un bon livre. Quand il pénétra dans la pièce, elle se contenta de le poser et de le regarder entrer.

– Excuse-moi, chérie. Le vieux père Ollier a fait une crise cardiaque en plein milieu d'une consultation, dans mon bureau. Il a fallu que j'attende le Samu de Dreux, tout en surveillant son état... Il est maintenant hors de danger.
– J'espérais que tu allais m'appeler.
– J'aurais dû le faire, mais, très franchement, j'avais vraiment la tête ailleurs.
– Ce n'est pas sa première crise !
– Non, mais je pense qu'à ce train-là, il ne passera pas l'été...
– Sa femme doit être effondrée.
– Elle a les pieds sur terre. Mais je n'aimerai pas être à sa place... Dis-moi, dit Bruno, qui voulait changer de sujet, ta journée ?
– Calme... Un peu trop calme. J'ai été faire des courses dans l'après-midi, quelques broutilles. Je me suis trouvé une robe.
– Tu me la montres ?
– Pas ce soir, je suis épuisée...
– Bien sûr... Je vais dîner et j'arrive... Ah, au fait, j'ai reçu un appel ce matin du centre qui accueille des personnes handicapées à la Madeleine. Ils cherchent une aide-soignante pour 5 mois. Il y en a une qui part en congé de maternité. Cela te dirait ?
– Euh... Je ne suis pas encore très en forme.
– Cela te ferait du bien...
– Qu'est-ce que tu sous-entends ? demanda Léa sur le qui-vive.
– Rien, j'ai juste peur que tu tournes en rond.
– Je ne suis pas prête...
– Comme tu veux, dit Bruno en partant vers la cuisine.

Léa éteignit la lumière et se glissa sous sa couette. Cela faisait huit mois qu'ils étaient mariés. Elle n'avait pas le moindre signe annonciateur d'une grossesse alors qu'ils n'avaient rien fait pour l'empêcher. Combien de temps allait-elle attendre ? Elle repensa à sa plaisanterie, à la mairie… Douze enfants ! À ce rythme-là, elle partait mal. Elle se souvenait de la lueur d'espoir qui l'avait envahie à Haïti. Cela n'avait pas duré longtemps. Depuis, rien… Bruno n'avait pas tort, ce n'étaient pas les fleurs de son jardin, aussi belles soient-elles, qui allaient lui permettre de mettre en œuvre le projet qui avait motivé son mariage. Instinctivement, elle leva les yeux au ciel. Quel était donc son avenir ? Elle avait le sentiment que le Bon Dieu jouait encore avec ses nerfs … Elle repensa à la proposition de Bruno. Aide-soignante dans un centre de personnes handicapées. Ce n'était pas ce pour quoi elle avait fait des études. Que lui servait le diplôme prestigieux qu'elle avait obtenu dans une école de commerce si elle aboutissait dans ce centre qu'elle apercevait parfois lorsqu'elle traversait le village de La Madeleine… Elle repensa à ses espérances, au temps où elle travaillait à Toulouse. Comme tout cela semblait loin. Pourtant, y avait-il un sot métier ? À quoi était-elle appelée ?

Certes, Bruno, depuis qu'il avait repris le cabinet de son oncle, semblait épanoui et transformé. Il excellait dans son attention aux autres. Elle le sentait heureux. Devait-elle sacrifier son bonheur personnel pour celui de son époux. Elle repensa à la phrase prononcée lors de leur mariage : « Je te reçois et je me donne à toi »… Ce n'était pas une formule magique. Ils avaient choisi une vie commune au service de l'amour. Était-ce là le but ultime ? Il fallait qu'elle réfléchisse à tout cela...

IV

Le samedi suivant, ils étaient invités chez Éléonore et Marc. Ils devaient y retrouver Kim et Grégoire. En voyant ces derniers arriver, précédés par le petit Paul qui se précipita dans les bras de sa marraine avant de courir rejoindre Maïa, Léa eut comme un flash. Depuis son accident, Grégoire marchait encore avec une canne. Il conservait un fort handicap qui lui donnait une démarche voutée. Pourtant Kim et lui rayonnaient. Il y avait Paul bien sûr, mais plus que cela…

– C'est sympa de venir passer le week-end dans l'Avre, dit Léa en les accueillant.
– Avec le temps qu'il fait, on aurait tout fait pour ne pas rester à Paris, répondit Kim.
– C'est vrai que le printemps est une saison extraordinaire ici… On dirait une explosion de joie…
– Oui. Et le soleil ne gâche rien…

Après un déjeuner animé, alors que les hommes s'échauffaient sur la vaisselle, les trois jeunes femmes décidèrent de partir marcher le long de la rivière. Les enfants étaient couchés pour la sieste. Elles avaient une bonne heure de tranquillité.

– Comment vas-tu, Léa ? demanda Éléonore.
– Mieux. J'ai retrouvé la forme. Je tourne un peu en rond…

Kim et Éléonore échangèrent un regard entendu. Elles avaient conscience que les joies qu'elles connaissaient dans la maternité ne pouvaient être partagées avec leur amie.

– Est-ce que Bruno fait son trou ?
– Oui… Plus qu'il ne l'imaginait. Son oncle Georges avait une vaste clientèle dans la vallée, peu de concurrence et une disponibilité totale. C'est un peu dur de prendre sa suite, glissa Léa.
– Pour lui ou pour toi, demanda Kim
– Pour les deux. Surtout pour moi, concéda la jeune femme. Hier soir, il est rentré à onze heures… Cela arrive de plus en plus souvent.
– Tu dois tourner en rond, dit Éléonore. Je vais m'installer ici pour les trois mois d'été. Tu veux venir plus souvent ?
– Merci, je viendrai volontiers… Mais je dois aussi construire ma vie, habiter ma maison, mon hameau…

Elles avaient pris le sentier qui montait dans les bois. Au loin, entre les arbres, elles pouvaient voir le ruban argenté de la rivière. Un troupeau de vaches blanches paissait tranquillement de l'autre côté de l'Avre. Il régnait ici une paix particulière. Le silence de la vallée donnait à l'ensemble une touche bucolique. Un couple de colverts prit son envol et parcourut un grand cercle, sous ses yeux. Pourtant, aujourd'hui, Léa y était moins sensible. Elle était heureuse d'avoir un peu de compagnie, de ne pas se sentir abandonnée. Inconsciemment, elle revint sur la proposition de Bruno. Certes, elle pouvait chercher un travail à

Dreux, voire à Paris, mais que serait leur vie ? Peut-être avait-il raison ? De plus, elle n'avait pas pris le temps de visiter le centre, dont il lui avait parlé la veille. Elle appréhendait cette visite et en même temps, elle aspirait à trouver sa voie. Elle se sentait écartelée. Kim et Éléonore parlaient maintenant de leurs enfants, un sujet qu'elle ne pouvait rejoindre. Éléonore attendait son troisième. Kim hésitait à « lancer » un second. Pourquoi le monde était-il fait ainsi ? Léa se sentait exclue, déboussolée. Elle ferma les yeux. Dans le silence, elle parcourut les années passées. Elle se sentait en exode perpétuelle. Sans attache réelle, sans lieu à elle. Certes, Bruno et elle se sentaient bien au Plessis, mais il manquait une fécondité, une raison d'être qu'elle n'avait pas encore trouvée.

Une mésange se posa sur la branche d'un arbre en contrebas. Elle tenait dans son bec une brindille. Elle n'avait pas ses soucis. Elle était programmée pour construire un nid, pondre des petits œufs, nourrir sa descendance. Léa en vint à douter. Était-ce le désespoir, l'incertitude, le doute, un manque d'espérance ? Elle avait envie de pleurer. Et pourtant, elle était en France, avec un certain confort. Elle repensa à ceux qu'elle avait dû abandonner à Haïti. André-Georges, Serena… Que serait-il arrivé si elle avait adopté la petite fille au lieu de la confier à la vieille femme ? Elle serait là, à ses côtés. Son monde aurait été chamboulé. Mais la vie en avait décidé autrement. Elle ne pouvait même plus retourner là-bas. Sa santé ne permettait plus qu'elle aille dans des lieux à risque. Ici elle se sentait inutile. Sa vie manquait de sens… Instinctivement, elle avait ralenti le pas, au point que ses amies s'en aperçurent, se retournèrent et l'attendirent.

– Ça va, demanda Kim
– Oui, excusez-moi, répondit Léa.

Elle ne pouvait se confier à elles. Elle savait que Kim avait eu aussi cette attente et cette incertitude dans le passé, mais elle avait Paul maintenant. C'était différent. Elle se ressaisit. Les trois jeunes femmes arrivaient au moulin d'Heudez, une vieille maison à cheval sur l'Avre. Ici, le courant était rapide, la rivière se divisant en trois bras de tailles inégales. Éléonore raconta à ses amies qu'un matin, peu après son accouchement, elle avait choisi ici d'arrêter son travail, de se consacrer totalement à ses enfants.

Léa l'écouta. Bien sûr, les choses étaient plus simples pour son amie. Pourtant, il y avait la même quête, celle de donner du sens à ses actes, ne pas subir les événements, mais avancer. Elle devait aussi se reprendre, laisser filer ces eaux stagnantes de la rancœur et du désespoir, trouver la source vive. « Demain, je suivrai les conseils de Bruno. J'irai au Centre, pour voir » se dit-elle, tout en se gardant bien d'en parler à ses amies. Elle n'était pas prête à leur confier ses doutes intérieurs. Mais leur présence lui avait fait du bien. Elle pouvait avancer…

Les trois amies firent demi-tour. L'heure du réveil s'approchait. Même si Kim et Éléonore faisaient confiance aux hommes pour lever les enfants, elles ne pouvaient s'empêcher d'être là… Léa les suivit, un peu à contrecœur. Ce jour-là, elle n'avait pas envie de pouponner les enfants des autres. Arrivée près de la longère, elles aperçurent une petite Peugeot garée sur le bas-côté.

– Tu attends quelqu'un, demanda Kim
– Non, personne.
– Qui peut venir comme cela à l'improviste ?

Les trois jeunes femmes pressèrent le pas. Elles aperçurent, assis dans le jardin, le Père Alex qui se leva à leur arrivée.

– Je me suis invité pour l'après-midi, expliqua le jésuite. J'espère que je ne vous dérange pas ?
– Non, c'est même une joie, dit Éléonore. Vous nous avez mariés tous les six. Vous faites partie de la famille…

Alors que les deux mères montaient chercher leurs bambins, le Père Alex s'approcha de Léa.

– Vous voulez marcher un peu. J'ai envie de me dégourdir les jambes après une bonne heure de voiture.
– Avec joie, répondit la jeune femme.

Elle était ravie d'échanger encore une fois avec le prêtre. Ils s'éloignèrent rapidement, reprenant le chemin qu'elle venait de parcourir.

– Comment allez-vous ?
– Mieux physiquement. Je reprends des forces, dit Léa…
– Le moral reste en berne ?
– Oui… Je doute encore. Je ne trouve pas ma « fécondité ». J'espérais qu'un premier enfant me trace une voie bien droite et il ne vient pas… À quoi joue le Bon Dieu ? J'ai

l'impression d'être perpétuellement bousculée, déracinée…

– Je vais vous avouer quelque chose, répondit le prêtre après un silence. J'ai toujours senti que votre chemin était « extra-ordinaire ».
– Vous voulez dire que je suis manipulée par Dieu…
– Non, plutôt pré-destinée à quelque chose… Le mot est fort. Dans nos sociétés modernes, il a des accents négatifs. Il faut l'entendre au contraire comme un appel, une vocation particulière.
– Je ne vois que le vide…
– C'est que vous observez l'aujourd'hui, sans percevoir la trace fragile de son souffle…

Ils étaient parvenus sur une hauteur. Léa regarda la vallée. Elle avait les larmes aux yeux. Elle s'arrêta, indécise. Le prêtre voyant qu'elle était émue, lui fit un petit geste et s'éloigna par discrétion. Elle le suivit des yeux… Il continuait son chemin. Ce qu'il lui avait dit la touchait au cœur. Par sa présence, par ses mots, il la libérait d'un poids, d'une partie de ses doutes. Quelque chose se fissurait en elle, comme une fêlure fragile laissant percevoir que, quelque part, la lumière était au bout de la nuit.

Elle s'assit sur une souche et releva la tête. Le soleil, qui perçait à travers les jeunes feuilles des arbres, lui réchauffa le cœur. Elle se sentait temporairement apaisée. La douleur et le doute étaient encore là, mais l'espérance frayait à nouveau un chemin dans son cœur.

V

Le Centre d'accueil n'avait pas le charme des maisons de la région. Construit après la guerre, il se dressait tout droit dans sa gaine de béton. En franchissant le portail, Léa fut prise d'une certaine appréhension. Dans quelle galère allait-elle monter ? Sur la pelouse, un vieil homme semblait chercher avec acharnement des insectes invisibles. Il y avait dans sa concentration à la fois une obsession et une gaité mêlée. Il était dans un autre monde. Léa fut troublée par cette première rencontre. Quels étaient ces êtres qui avaient échoué ici ? Une première image vint à elle. Elle l'accueillit comme telle. C'était ce film, *le huitième jour* qui l'avait tant bouleversée. Une histoire de cœur. Ici, seule la voie du cœur était admise. Avec son bagage intellectuel, ses diplômes, pourrait-elle parler le langage du cœur ?

Elle se rendit au secrétariat. En se présentant comme la femme de Bruno, on lui ouvrit grand les portes. Elle ne savait pas que son mari venait deux fois par semaine ici. Il ne lui avait rien dit. Elle se laissa guider dans le bâtiment. On lui montra le restaurant, les salles de jeux, les ateliers, où plusieurs personnes réalisaient des objets d'art. Elle se laissa guider. C'est à midi qu'une vraie rencontre eut lieu. Elle se retrouva assise entre deux personnes d'un certain âge. Ils avaient un humour qui la fit sursauter. C'était enfantin, frais, sans arrière-pensée… Ce fut surtout Richard qui la toucha au cœur. C'était lui qu'elle avait aperçu en arrivant. Il ne cherchait plus les insectes. Il avait les yeux grands ouverts et la dévisageait comme s'il venait de voir un ange. Il avait sorti de la poche de son manteau un papier plié en deux…

– Tiens, un dessin, pour toi, Léa…
– Pour moi ?
– Oui pour toi…

Que lui arrivait-elle ? Elle sentait une émotion intense l'envahir. C'était de l'ordre de l'indicible. Une rencontre… Deux fragilités qui se penchaient l'une vers l'autre. Richard n'était pas beau, intelligent. Il parlait du cœur et le geste l'avait prise par surprise. Elle masqua le trouble que cela engendrait en elle. Pourtant, inconsciemment, elle se dit que tout était dit. Sa place était là, au milieu de ces enfants abandonnés. Certes, ils n'avaient pas les joues tendres et les bouclettes dont elle avait rêvé. C'était de grands enfants… Pourtant, une certitude montait en elle, comme si, au-delà de toute attente, le souffle fragile de l'indicible venait de lui révéler le chant du monde. Elle compta des yeux les personnes handicapées autour d'elle. Ils étaient plus de douze ! Arrivée à ce chiffre, il lui éclata au visage, comme une confirmation de ce qu'elle sentait déjà.

Elle se leva dès qu'elle le put et s'enfuit dans le jardin. Alors, elle laissa libre cours à ses larmes. Elle avait maintenant une certitude. Elle avait trouvé un « ici et maintenant »…

CHAPITRE 4

I

Le remplacement de Léa au Centre ne dura que cinq mois. Au-delà des premières rencontres, elle eut conscience que son rôle n'était pas toujours simple. Elle devait sans cesse se défaire de ses *a priori*, retrouver le chemin de la simplicité, qui seule permettait d'accéder à l'autre, d'entrer en communion avec lui… Ce temps particulier fut, pour elle, un long chemin de conversion intérieure. Elle arrivait avec de grands principes, des idées toutes faites. Il lui fallait retrouver une pureté du cœur que l'âge et la raison avaient enfoui sous une carapace extérieure.

L'équipe du Centre était disparate. Il y avait ceux qui prenaient leur travail à cœur et donnaient un supplément d'âme… Il y avait aussi ceux qui subissaient les choses, ou n'avaient pas perçu l'enjeu de ce qui se passait là. Elle s'énervait parfois quand les pensionnaires étaient maltraités, incompris. C'était difficile pour elle de s'imposer du fait de sa situation d'intérimaire.

II

Ce temps fut pour elle aussi une nouvelle manière d'appréhender son couple. Elle développait une vie à part entière, trouvait dans son travail une raison d'être, qui lui permettait de reprendre confiance en elle, de se dilater à nouveau. Sa relation avec Bruno en était cependant changée. Elle le croisait parfois au Centre, mais ses passages étaient brefs et « professionnels ». Le soir, ils étaient plus fatigués, l'un et l'autre, moins disponibles. Étonnement, ce qu'elle gagnait au travail, elle le perdait avec lui. Ils avaient plus de mal à communiquer. Certes, elle lui racontait sa journée, en long et en large, mais elle se rendait compte qu'il n'écoutait qu'à moitié. Elle savait bien qu'elle devait être plus brève, respecter ses silences, lui laisser le temps d'intervenir à son tour. Pourtant, elle ne pouvait changer sa nature.

De son côté, Bruno se réjouissait de voir qu'elle reprenait pied, qu'elle trouvait au Centre une façon de se déployer. Il devait cependant accepter ce détachement. Depuis leur premier retour en France, il avait toujours été « l'homme au travail », attendant d'elle une disponibilité qu'elle ne pouvait plus maintenant avoir. Il naissait entre eux une asymétrie nouvelle. Leur vie de couple s'en trouvait affectée. Certes, ils avaient le week-end des moments de joie intense, quand ils partaient ensemble parcourir la campagne, découvrir de nouveaux sentiers, de nouveaux paysages, dans cette région qu'ils appréciaient de plus en plus. Néanmoins, ce n'était plus la compagne de tous les instants, celle des premiers jours, ce n'était plus non plus la jeune femme fragile qu'il avait soutenue pendant ses premiers mois en France. Leur vie intime était aussi affectée. Elle était moins disponible, moins offerte et il devait en tenir compte, respecter sa fatigue, ses tensions, ses absences…

À cela s'ajoutaient les tracasseries de tous les jours et cette routine qui s'installait entre eux. Leurs petits travers respectifs, tolérés au départ, devenaient plus criants. Elle ne supportait plus sa façon obsessionnelle de repasser derrière elle pour plier le linge, ses petites manies de célibataire… Parfois, quand il rentrait le soir, le dîner n'était pas prêt et s'il osait lui en faire la remarque, elle l'envoyait promener, à raison, d'ailleurs. Il savait bien qu'il ne participait pas à sa part du ménage… Qu'il se reposait trop sur elle ! Quand il était le seul à travailler, elle encaissait ses piques, maintenant, elles étaient moins fondées.

Au bout de quelques mois, leur couple traversait, ainsi, insidieusement une petite crise. Ils étaient à table devant une soupe chaude quand Léa lui glissa insidieusement :

– J'ai invité Constance, ma cousine, à dîner, vendredi prochain.
– Constance ?

– Oui, tu sais, je te l'ai présentée le jour de notre mariage, elle est conseillère conjugale.

– Ah…

Bruno ne releva pas… Il était pris de court. Vendredi, cela tombait mal. Il devait aller à Dreux, voir un collègue à propos d'un patient, ce qui le mettrait certainement en retard pour ses consultations de l'après-midi. De plus, il sentait le traquenard. Au début, cela l'énerva. Il n'aimait pas l'idée que quelqu'un puisse venir mettre le nez dans son couple. Il reprit une assiette de soupe et commença à l'engloutir avec la même précipitation que la première. Puis il se souvint qu'elle n'aimait pas le bruit de succion qu'il émettait quand il mangeait comme cela. Il rougit intérieurement, releva la tête vers Léa qui le regardait fixement, esquissa un sourire puis avoua, un peu malgré lui…

– C'est une bonne idée…

Il l'entendit soupirer. Elle avait dû prendre sur elle, depuis quelque temps. Il leva à nouveau les yeux vers Léa et lui dit, timidement, un petit mot d'encouragement.

– Pardonne-moi, je ne suis pas toujours de bon poil en ce moment.

Elle se leva et posa ses deux mains sur ses épaules.

– On va y arriver, conclut-elle, avant de disparaître dans la cuisine…

Il la regarda partir, songeur. Cela faisait à peine un an qu'ils étaient mariés… Un an, fin août… La date approchait d'ailleurs et il n'avait rien préparé, rien prévu. En fallait-il si peu pour réduire à néant le petit nuage sur lequel il s'était réfugié ? Il se remémora la phrase qu'il avait prononcée alors : « Je te reçois et je me donne à toi ». Ce n'était alors que des mots. Son engagement était de mettre ces mots en actes. Et c'était une tâche de tous les jours.

III

Le vendredi arriva vite. Il expédia un peu rudement les derniers patients. Cela n'aiderait pas les « négociations » s'il commençait par arriver en retard pour le dîner… Il se rendit compte qu'il était de fait peu attentif au temps qui passait. Il prenait le temps de recevoir chacun, prenant plaisir à ces discussions, à ces échanges, qui, au-delà des petits maux de tous les jours, révélaient parfois de grandes détresses ou, au contraire des vies exemplaires. Il commençait à se sentir bien, dans les chaussures de son oncle. Et cependant, cet acharnement au travail n'était-il pas, en soi, une petite infidélité à son engagement d'époux. Il devait garder cette tension entre son travail et sa vie de couple. Là encore, entre les mots et la réalité se trouvait un équilibre à continuellement revisiter et affiner. Léa avait raison, un point d'étape s'imposait. Ils auraient pu le faire tout seuls, mais se connaissant, ils auraient louvoyé encore quelques mois avant de « descendre de leurs tours » pour aborder en vérité tous les écueils qui s'installaient sur leur chemin à deux.

À vingt heures dix-huit, il ferma son cabinet et sauta dans sa voiture. Il serait juste à l'heure ! Bien sûr, il n'avait rien fait pour l'aider au repas ! Il n'avait même pas pensé à lui acheter quelque chose, sur le chemin. Il vivait sur son acquis. Brulait-il son capital-confiance ? Il ne doutait pas de son amour, mais était-ce une raison d'en abuser ?

Quand il arriva devant chez lui, il vit que les deux voitures étaient là. Il trouva Constance assise à table, un verre à la main, alors que sa femme, debout, finissait le couvert, tout en papotant avec elle.

– Constance, bonsoir.
– Bonsoir Bruno !
– Tu es seule ? Je croyais que ton mari se joignait à nous ?
– Il garde les enfants…

Son dernier espoir s'effondrait. Il allait devoir faire face à une coalition féminine ! Il s'assit en face de Constance, puis se ravisa. Il disparut au cellier et revint avec une bouteille, qu'il déboucha, tout en détaillant la jeune femme du regard. Il ne l'avait qu'aperçu lors du mariage. Il se rappelait d'elle plus élégante et plus maquillée. Elle restait charmante, néanmoins, avec ses grands cheveux bruns et son teint plus naturel. Il y avait une petite ressemblance avec Léa, même si elle paraissait plus mûre, plus posée.

Au début, la soirée fut agréable. Constance résuma sa vie, son couple, ses enfants, ils parlèrent de leur rencontre. Au dessert, Bruno lança le sujet. Il aimait aborder les conflits de face…

- Léa me dit que tu es conseillère conjugale…
- Oui, j'aide les couples en difficulté…
- Quels sont tes patients types ?
- De tout âge. De plus en plus jeunes, néanmoins…
- Ah oui, releva Léa
- Oui. D'un certain côté, c'est une chance, plus on intervient tôt, dans une crise conjugale, plus on a des chances de dénouer les petits nœuds qui se sont formés dans le couple…
- De quoi se plaignent-ils ? osa Bruno.
- C'est souvent des broutilles, mais qui s'accumulent. Il y a ceux qui parlent du manque d'écoute de leurs conjoints, du stress entre vie familiale et vie professionnelle, de déceptions sexuelles aussi.
- De quel ordre ? demanda Léa.
- J'appelle cela le « syndrome du prince charmant ». On s'imagine que l'autre va savoir, qu'il va être un amant de rêve, alors qu'une relation sexuelle passe toujours par un temps d'apprentissage, fait de découvertes, de dialogue, de petites attentions, où l'un comme l'autre guide son conjoint vers ses attentes, ses craintes ou ses désirs. Il y a aussi les mauvaises images véhiculées par les médias, quand, au cinéma, les acteurs parviennent à une plénitude dès le premier jour, alors que les études montrent qu'une sexualité pleinement épanouie n'est atteinte qu'au bout de plusieurs années d'apprivoisement mutuel.

Bruno regarda Léa. Ils avaient peu échangé sur le sujet. Finalement, ce dîner avait de l'intérêt. Ils allaient avoir des bases pour discuter.

Constance, après un petit silence, repartit de plus belle.

- Il y a aussi les différences naturelles entre la sexualité masculine et féminine, qui sont d'ailleurs peu connues par les jeunes. L'incompréhension face au désir masculin, rapide, exigeant et qui ne prend pas toujours en compte le temps de l'autre, l'ouverture nécessaire de la femme, l'importance des préliminaires, des gestes de tendresse, de la disponibilité d'esprit, qui est essentielle, chez la femme.
- Viennent-ils plusieurs fois te voir ?

– Cela dépend. Souvent, les non-dits sont tels qu'il leur faut du temps pour s'exprimer, pour se sentir écouté, pour que leur parole se libère. Parfois, c'est l'un des deux qui vient tout seul, au début. On cherche alors des moyens pour que l'autre trouve sa place, qu'il s'insère dans la démarche. Ce qui est sympa, c'est que plus ils viennent au début de leur histoire, plus leurs chances de repartir sur un bon pied sont grandes.
– Pourquoi ? demanda Bruno
– Parce qu'alors, les ressentis et les difficultés accumulés ne sont pas insurmontables. Un petit coup de balai suffit pour remettre le couple en marche.
– J'avoue que tu ouvres des pistes, avoua Bruno. Depuis que Léa travaille, je sens bien qu'on accumule des tensions.

Il rougit aussitôt. Il avait parlé trop vite. Pourtant, il se sentait en confiance. Léa le regardait avec un petit sourire. Elle était touchante, avec son air désolé. En fait, il se rendait compte qu'il l'aimait profondément, même s'il n'était pas toujours à la hauteur.

– C'est normal, dit Constance, avec un sourire. Vous avez besoin de réorganiser vos vies du fait de ce changement. Tu avais le droit d'invoquer ta fatigue le soir, il faut maintenant que tu intègres le fait que cette tension est partagée. Une vie de couple n'est jamais une ligne droite. Il y a toujours des ajustements à trouver, une harmonie à recréer alors que des contrariétés et des asymétries bouleversent votre quotidien.
– En fait, je crois que l'on se cherche, que l'on se teste, dit Léa, d'une voix posée. On a chacun nos idées toutes faites sur la place de l'un et l'autre, mais cette projection n'est pas toujours adaptée à la réalité de son conjoint.
– Oui, appuya Constance. Ces projections sont souvent liées aux modèles parentaux qui influencent vos comportements.

Elle se tourna vers Bruno.

– Par exemple, si ton père n'a jamais rien fait à la maison, tu as du mal à percevoir que, dans nos sociétés modernes, l'homme doit mettre la main à la pâte…
– C'est vrai ! Cela joue sans doute dans mon inconscient, avoua Bruno.

– Les crises que vous avez dû traverser, où que vous n'allez pas manquer de rencontrer, sont normales. Elles sont juste des indicateurs de tensions plus profondes, qui s'installent et qu'il faut gérer au fur et à mesure, dans la mesure du possible.

Constance regarda sa montre.

– Il est tard. Je ne veux pas vous faire une leçon. Je ne suis pas venue pour cela !

– Non, je t'en prie, dit Bruno. C'était intéressant. Je pense qu'on a tous besoin d'un petit coup de pouce, ajouta-t-il en souriant à Léa.

Il n'était pas dupe de l'invitation. Mais il n'en voulait pas à sa femme. C'était pour leur bien, à tous les deux. Il se leva, débarrassa la table. Il en avait assez pour la journée. Heureusement, demain, il ne travaillait pas l'après-midi. Ils allaient pouvoir échanger sur tout cela…

Quand il revint de la cuisine, Constance s'était levée. Elle embrassa le couple. Léa la raccompagna jusqu'à sa voiture. Il se réfugia dans la cuisine. Bizarrement, il trouvait dans des gestes simples, comme la vaisselle, un exutoire intéressant. Dans le silence de la cuisine, il pouvait méditer sur l'échange récent, ses implications. Quand Léa revint, il avait fait l'essentiel. Il s'arrêta pour l'accueillir par un beau sourire.

– C'était un dîner intéressant, glissa-t-il.

– J'aime bien Constance, se contenta-t-elle de répondre.

Ce soir-là, ils se couchèrent en silence, chacun laissant libre cours à ses propres réflexions.

Le lendemain, il dormit plus longtemps que d'habitude. Quand il se réveilla, il n'avait plus le temps de faire son petit tour de vélo. Il but son café en silence et s'éclipsa vers son cabinet. Léa se leva vers neuf heures. Elle avait rendez-vous avec Éléonore. Elles projetaient de faire leurs courses ensemble vers dix heures trente. Les deux jeunes femmes se retrouvèrent dans les rayons du supermarché local.

– Hier soir, nous avons dîné avec ma cousine Constance, tu sais, celle qui est conseillère conjugale ! lui dit Léa.

– Ah oui. Cela devait être intéressant.

– Oui, Bruno a joué le jeu. Il va falloir qu'on en reparle.

– Cela nous ferait du bien à tous les deux aussi. Depuis la naissance du second, Marc ne se rend pas compte que j'ai un travail fou. Il n'en fiche pas une, le soir ! Qu'est-ce que ce sera quand le troisième sera là ?

– C'est fou ce que nos hommes vivent dans la nostalgie des générations passées. Le machisme n'est pas mort, renchérit Léa.
– Oui, on a beau parler d'égalité homme femme à tout bout de champ, les grandes théories s'arrêtent à la porte de la maison…
– Lors de notre retraite de préparation au mariage, on nous a parlé des sacs à dos, tu sais, ce que nous traînons comme images parentales…
– Ça me dit quelque chose, dit Éléonore.
– C'est vrai qu'on agit toujours un peu comme nos mères, mais de leur côté, c'est la même histoire…
– Je vais t'avouer quelque chose. En venant ici, et en laissant Marc mariner pendant la semaine dans notre appartement parisien, j'ai un peu le rêve qu'il puisse se rendre compte que la maison ne tourne pas toute seule…
– Tu crois que cela va marcher, demanda Léa.
– Je ne sais pas. Je crains même le pire au retour. D'un côté, les enfants sont plus faciles ici, mais il me manque. Les week-ends sont courts. Vivement qu'il prenne ses vacances…

Elles papotèrent ainsi toute la matinée. Léa appréciait ces discussions entre filles.

– Constance a aussi parlé de sexualité, dit Léa.
– C'est un sujet délicat, dit Éléonore. Marc n'a jamais été très doué sur ce point. Notamment après mes deux grossesses. Il était incapable de comprendre que j'étais moins disponible…
– Bruno est très attentif. C'est peut-être l'avantage d'avoir épousé un médecin…
– Il faudrait qu'il donne des cours à Marc, dit Éléonore en riant,

Elle regarda sa montre…

– Je n'ai pas vu passer l'heure. Marc doit saturer des enfants… Je ne sais pas s'il va savoir les faire manger tout seul.
– Dis donc, il faut le dresser ton homme !

Elles s'embrassèrent. Léa reprit le chemin du Plessis. Elle avait juste le temps de lancer le repas. Bruno n'allait pas tarder. Il arriva plus vite que prévu. Est-ce que Constance allait avoir une influence durable ?

IV

Après le déjeuner, ils s'installèrent à l'ombre du noyer. Le soleil tapait dru ce jour-là. C'est Bruno qui lança la conversation.

– Intéressant, cette discussion hier soir.
– Il nous reste du pain sur la planche.

Ils reprirent, point à point, les remarques de Constance. Tout compte fait, ils n'étaient pas loin d'un compromis. L'important était de rester vigilants sur le ressenti de l'un et de l'autre, sur ce qu'ils n'avaient pas le temps de se dire.

– C'est vrai que mon travail a changé brutalement la donne, avoua Léa.
– Oui, j'en suis ravi pour toi. Il me faut cependant être plus attentif à cette nouvelle situation…

Il se leva et prit Léa dans ses bras.

– Je t'aime… et je veux t'aimer…
– Tu es sur le bon chemin, dit-elle en l'embrassant…

Ce soir-là, leur danse intime fut plus belle et plus intense que d'habitude. Ils expérimentaient le fait que lorsque l'union des cœurs est totale, cela rejaillit sur toutes les facettes de leur vie conjugale…

ÉPILOGUE

À la fin des cinq mois de remplacement, Léa pensait que le Centre n'allait pas renouveler son contrat quand elle fut convoquée chez la directrice, une semaine avant la fin de son CDD.

– Léa, j'ai demandé au conseil régional de créer un nouveau poste. Est-ce que cela te dirait de continuer chez nous ?
– Il faut que j'en parle à mon mari, mais j'en serais ravie.
– Tu as huit jours pour te décider…
– Merci.

Quand elle rentra chez elle, les événements de la journée se bousculaient dans sa tête. Milène, une des assistantes du Centre s'était attrapée avec elle sur un détail. Elles s'étaient séparées fâchées. Au-delà de l'excitation des premiers jours, elle se rendait compte que parfois, elle se laissait aller à une lassitude, à un manque de disponibilité, voire à la colère. Depuis cinq mois, elle n'avait cessé de donner le meilleur d'elle-même. Elle croyait que cette expérience serait de courte durée.

Quand elle sortit en pleine chaleur, elle se rendit compte qu'elle était à nouveau nauséeuse. Se pouvait-il que quelque chose se prépare ? Elle avait un léger retard, mais son cycle n'était jamais très fiable.

Elle appela pourtant Bruno…

– Tu peux passer à la pharmacie, me prendre un test…

Elle voulait partager avec lui son espérance. Peut-être n'était-ce encore qu'une fausse alerte. Mais elle ne pouvait s'empêcher d'y croire…

Ce soir-là, Bruno fut plus ponctuel que d'habitude. Il arriva avec un beau bouquet de fleurs… Quel que soit l'avenir, il serait là, à ses côtés…

Bande annonce

L'histoire de Bruno et de Léa continue et retrouve le style « techno-thriller » dans *La menace ultime,* le tome 8 de la série.

Précisions et Remerciements pour Le destin de Léa

La première partie de ce roman a été écrite avant qu'une épidémie meurtrière ne frappe à nouveau Haïti. S'il ne décrit pas de manière exhaustive ce nouveau cataclysme qui frappe le pays, il est dédié aux hommes et aux femmes qui se dévouent corps et âmes à ce peuple particulièrement opprimé.

Il est toujours délicat de se projeter dans un autre monde, dans une vie que l'on ne voit que de loin. Merci aux lecteurs de prendre conscience qu'il n'y a là qu'une recherche d'humanité. Ce roman est né des trois premières pages, écrites alors que je cherchais à exprimer en quelques mots ce que pouvait être, à notre époque, un amour qui va jusqu'au bout. Le chemin d'André-Georges a ouvert une faille dans laquelle je me suis engouffré…

Merci aussi à Paul, Florence et Bérangère pour les suggestions de chapitre et de situations qui donnent à cette trame son originalité.

TABLE DES MATIÈRES

Cette quatrième édition a été achevée d'imprimer, à la demande,
à partir d'avril 2014

Printed in Great Britain
by Amazon

49465420R00054